NAZARENE
ESSENTIALS
FONDAMENTI NAZARENI

CHI SIAMO—COSA CREDIAMO

Sponsorizzato dal Consiglio dei Sovrintendenti Generali
Chiesa del Nazareno
© Copyright 2015. Tutti i diritti riservati. Chiesa del Nazareno, Inc.

INDICE DEI CONTENUTI

Benvenuti nel Nazarene Essentials 6

Il nostro patrimonio 7

La nostra chiesa globale 12

Il nostri valori di fondo 16

La nostra missione 21

Le nostre caratteristiche nazarene 23

La nostra teologia wesleyana 44

Chiesa del Nazareno - gli articoli di fede 49

La nostra ecclesiologia 59

Il nostro ordinamento 63

La Chiesa: locale, distrettuale e generale 65

Una chiesa connessa 67

LA CHIESA DI DIO, NELLE SUE FORME PIÙ ELEVATE IN CIELO ED IN TERRA, DETIENE LE PROPRIE RIUNIONI, INSEGNAMENTI E LODE ACCOMUNATI, MA TUTTO CIÒ È PER AIUTARE L'INDIVIDUO AD ASSOMIGLIARE A SUO FIGLIO.

—PHINEAS F. BRESSE
PRIMO SOVRINTENDENTE GENERALE, CHIESA DEL NAZARENO.

BENVENUTI NEL
NAZARENE ESSENTIALS

Una nuova generazione di nazareni ha richiesto che le basi degli insegnamenti della chiesa, la storia, la teologia, la missione, il fondamento e la sua natura essenziale, fossero messi insieme in una pubblicazione breve e facilmente accessibile in un linguaggio semplice.

«Nazarene Essentials» è una serie di articoli brevi che spiegano come mai la Chiesa del Nazareno esiste: chi siamo e cosa crediamo. Questo testo offre un modo di comprendere meglio lo scopo della chiesa nel diffondere la santità della Scrittura e la sua missione in ogni nazione nel creare discepoli simili a Cristo

«Nazarene Essentials» è disponibile su internet (www.whdl.org, cerca «Nazarene Essentials»).

Leggendo e studiando «Nazarene Essentials» potresti imparare di più riguardo la Chiesa del Nazareno e il suo desiderio di diffondere ubbidientemente la buona notizia di Gesù Cristo.

Note: Nazarene Essentials è un supplemento e non un sostituto del Manuale della Chiesa del Nazareno.

John Wesley, 1703-1791,
Fondatore del Movimento Metodista

IL NOSTRO PATRIMONIO

La Chiesa del Nazareno crede nell'essere una branca della chiesa «unica, santa, universale ed apostolica» di Cristo. Di conseguenza a questo credo, consideriamo la storia cristiana come la nostra storia. Questo significa che noi siamo parte della storia del popolo di Dio ricordato nell'Antico e nel Nuovo Testamento ed attraverso i secoli. Questo include tutte le varie espressioni della chiesa di Cristo, ovunque esse possano essere nel mondo. Noi accettiamo i credi più antichi del Cristianesimo come espressione della nostra propria fede.

Come la chiesa storica, noi predichiamo nel mondo, amministriamo i sacramenti e sosteniamo un ministero che è iniziato con gli apostoli e che inculca ai discepoli a vivere e servire secondo Cristo. Insieme ai credenti in ogni dove e attraverso il tempo, rispondiamo alla chiamata biblica del vivere santo e ad una completa devozione a Dio. Questa viene chiamata intera santificazione e noi proclamiamo volentieri il nostro credo in questa dottrina.

La storia cristiana è formata da molte branche. Noi facciamo risalire il nostro patrimonio attraverso la Riforma Protestante - e, più specificatamente, la Riforma Inglese del sedicesimo secolo. Dopo di essa, ricalchiamo la nostra storia attraverso il Risveglio Wesleyano del diciottesimo secolo. Questo risveglio scaturì dalla predica di due fratelli, John e Charles Wesley, e si diffuse in tutta l'Inghilterra, la Scozia, l'Irlanda ed il Galles. Esso era conosciuto come un tempo in cui un gran numero di persone si allontanarono dal peccato e furono stimolate ad un servizio cristiano.

Questo risveglio mise alla prova le pratiche tradizionali della chiesa, quali:

- i laici (credenti che non erano né pastori né diaconi) predicavano
- i culti di lode includevano testimonianze di persone sull'opera di Dio nelle loro vite.
- i credenti erano incoraggiati a seguire uno stile di vita disciplinato e i discepoli si riunivano insieme in piccoli gruppi per incoraggiarsi l'uno con l'altro.

Oltre a queste pratiche, il Risveglio Wesleyano enfatizzò importanti verità teologiche:

- giustificazione per grazia attraverso la fede
- santificazione, anche conosciuta come perfezione cristiana-altrettanto per grazia attraverso la fede
- La testimonianza interiore che lo Spirito Santo assicuri ai credenti che essi abbiano ricevuto la grazia.

L'enfasi su tutta la santificazione è il contributo distintivo che John Wesley diede alla storia cristiana ed alla teologia. Lui credeva che si trattasse di un dono di Dio che permetteva ai credenti di vivere un'autentica vita cristiana. Il suo insegnamento si diffuse in tutto il mondo, incluse le Americhe. Nel Nord America, la Chiesa Episcopale Metodista fu organizzata nel 1784 «per riformare il continente e diffondere la santità della Scrittura in queste Terre».

Nel diciannovesimo secolo, si sviluppò un'enfasi rinnovata sulla santità cristiana. Timothy Merritt iniziò a pubblicare un giornale chiamato «Guida alla *Perfezione Cristiana*». Phoebe Palmer condusse degli incontri infrasettimanali per promuovere la santità. Divenne una predicatrice riconosciuta, autrice e redattrice. Nel 1867 i predicatori metodisti (particolarmente John A. Wood e John S. Inskip) tennero un «campeggio di incontri». Si trattava di grandi eventi in cui le persone si riunivano per diversi giorni consecutivi di culti di lode, dormendo spesso in tende. Questi predicatori si focalizzavano sulla santità e rinnovavano la questione wesleyana riguardante la santità nel mondo.

Dando enfasi alla dottrina della santità, molti gruppi nacquero durante questo periodo, inclusi i metodisti wesleyani, i metodisti liberi, l'esercito della salvezza, come anche alcuni gruppi di mennoniti, confratelli e quaccheri. Gli evangelisti portarono questo movimento in Germania, Regno Unito, Scandinavia, India ed Australia. Come questi gruppi si diffusero in tutto il mondo, si formarono anche nuove chiese di santità, inclusa la Chiesa di Dio (Anderson, Indiana). In questo periodo crebbero anche missioni urbane e associazioni missionarie. Dal momento in cui non esisteva una chiesa specifica responsabile di tutta questa crescita, le persone lo chiamavano «Movimento di Santità». La Chiesa del Nazareno nacque da un desiderio di unire molti di questi sforzi in un'unica denominazione, focalizzata sulla santità.

Dato che le nostre radici come denominazioni risalgono al «Risveglio Wesleyano», come anche al «Movimento di Santità», utilizziamo spesso la frase «Santità-Wesleyana» per descrivere noi stessi.

Unità nella Santità

Negli Stati Uniti, Fred Hillery organizzò la Chiesa Evangelica del Popolo nel 1887 a Providence, Rhode Island. Seguì, nel 1888, la Chiesa Missionaria a Lynn, Massachusetts. Nel 1890 essi, insieme ad otto altre congregazioni, formarono l'Associazione Centrale Evangelica di Santità. Nel 1892, Anna S. Hanscome divenne il primo ministro donna ordinato, dalla quale sarebbe nata finalmente la Chiesa del Nazareno.

Nel 1894 e 1895, William Howard Hoople organizzò tre congregazioni di santità a Brooklyn, New York, nell'Associazione delle Chiese Pentecostali dell'America. In quel periodo, «pentecostale» era un sinonimo di «santità». I gruppi di Hillery e Hoople si unirono nel 1896. Essi istituirono la propria opera in India (1899) e Capo Verde (1901). Hiram Reynolds organizzò congregazioni in Canada (1902). Dal 1907, l'associazione ottenne chiese dalla Nova Scozia fino a Lowa.

Nel 1894, Robert Lee Harris organizzò la Chiesa di Cristo del Nuovo Testamento a Milan, Tennessee. Mary Lee Cagle, sua vedova, continuò la sua opera. C. B. Jernigan organizzò la prima Chiesa di Sanità Indipendente a Van Alstyne, Texas, nel 1901. Tutte queste chiese si unirono a Rising Star, Texas, nel 1904, formando la Chiesa di Santità di Cristo. Dal 1908, si espanse dalla Georgia al Nuovo Messico, ministrando fino ai reietti e ai bisognosi, supportando orfani e madri nubili, e connettendosi con lavoratori in India e Giappone.

Nel 1895, Phineas F. Bresee e Joseph P. Widney, insieme ad altri 100 credenti, organizzarono la Chiesa del Nazareno a Los Angeles. Essi credevano che i cristiani santificati dalla fede dovessero seguire l'esempio di Cristo e predicare il vangelo ai poveri. Essi donarono il proprio tempo e il proprio denaro a ministeri simili a Cristo per la salvezza delle anime e l'aiuto ai bisognosi. La Chiesa del Nazareno si diffuse principalmente lungo la Costa Ovest degli Stani Uniti, insieme ad alcune congregazioni fino all'Est, come l'Illinois. Supportavano una missione indigena a Calcutta, India.

Nell'ottobre del 1907, rappresentanti dell'Associazione delle Chiese Pentecostali dell'America e della Chiesa del Nazareno si riunirono a Chicago, Illinois. Essi lavorarono insieme per creare una nuova chiesa che mettesse in equilibrio i due diversi modi di capire del governo della chiesa: sovrintendenza e diritti congregazionali. La nuova chiesa avrebbe avuto sovrintendenti che si sarebbero occupati di stabilire chiese e organizzarne di nuove. Anche i delegati della Chiesa di Santità di Cristo parteciparono a questo incontro. La Prima Assemblea Generale adottò un nome designato da entrambe le organizzazioni: la Chiesa Pentecostale del Nazareno. Bresee e Reynolds furono eletti sovrintendenti generali.

Nel Settembre del 1908, un'altra chiesa, guidata da H.G Trumbaur, si unì alla Chiesa Pentecostale del Nazareno. Più tardi, il 13 ottobre, la Seconda Assemblea Generale si riunì a Pilot Point, Texas, insieme al Consiglio Generale della Chiesa di Santità di Cristo. In occasione di questo incontro, le due chiese si unirono.

J.O. McClurkan portò alla formazione della Missione Pentecostale formatasi a Nashville, Tennessee, nel 1898. Questo gruppo unì persone di santità da tutte le regioni. Essi inviarono pastori e insegnanti a Cuba, Guatemala, Messico e

India. Nel 1906 George Sharpe fu espulso dalla sua chiesa a Glasgow, Scozia, poiché predicava la dottrina wesleyana della santità cristiana. Egli trovò nuove congregazioni e finalmente fu fondata la Chiesa Pentecostale della Scozia nel 1909. Nel 1915, La Missione Pentecostale e la Chiesa Pentecostale della Scozia si unirono con la Chiesa Pentecostale del Nazareno.

Nel 1919, la Quinta Assemblea Generale cambiò il nome della denominazione in Chiesa del Nazareno. La parola «pentecostale» non possedeva più lo stesso significato di «dottrina di santità», come aveva nel tardo diciannovesimo secolo. La giovane denominazione rimase fedele alla sua missione originale di predicare il vangelo di salvezza completa.

Assemblea Generale, Pilot Point, Texas (USA), 13 ottobre 1908

LA NOSTRA CHIESA GLOBALE

La Chiesa del Nazareno è una chiesa globale.

La natura globale della denominazione fu modellata dalle chiese, le quali si unirono dal 1915. A quel tempo, vi erano Chiese del Nazareno in Argentina, Canada, Capo Verde, Cina, Cuba, Guatemala, Giappone, India, Messico, Perù, Svizzera, Regno Unito e Stati Uniti. Dal 1930, essa raggiunse anche le Barbados, Mozambico, Palestina, Sud Africa, Siria e Trinidad. I leader nazionali erano essenziali in questo processo, inclusi i sovrintendenti distrettuali V. G Santin (Messico), Hiroshi Kitagawa (Giappone) e Samuel Bhujbal (India).

L'aspetto internazionale della chiesa crebbe quando altri gruppi si unirono alla denominazione.

Nel 1922, J. G Morrison condusse molti lavoratori dell'Associazione della Santità dei Laici e oltre mille membri di Dakota, Minnesota e Montana nella chiesa. Chung Nnam Soo (Robert Chung) condusse una rete di pastori e congregazioni coreane nella Chiesa del Nazareno negli anni 30 del '900. Le chiese in Australia, sotto A. A. E. Berg, si unirono con la Chiesa del Nazareno nel 1945. Alfredo del Rosso portò le chiese italiane nella denominazione nel 1948. L'associazione Missionaria di Fede Hephzibah dell'opera Sud Africana e il suo centro a Tabor, Lowa, si unì con i nazareni intorno al 1950.

La Missione Internazionale di Santità, fondata a Londra da David Thomas nel 1907, sviluppò lavori estensivi nel sud dell'Africa, grazie a David Jones. Nel

1952, le sue chiese in Inghilterra ed Africa, grazie a J. B. Maclagan, si unirono ai nazareni. Maynard James e Jack Ford formarono la Chiesa di Santità del Calvario in Bretagna nel 1934 e si unirono ai nazareni nel 1955. La Chiesa dei Lavoratori del Vangelo, organizzata da Frank Goff a Ontario, Canada, nel 1918, si unì alla Chiesa del Nazareno nel 1958. I nigeriani formarono una Chiesa del Nazareno indigena negli anni 40 e, con Jeremiah U. Ekaide, si unirono con il corpo internazionale nel 1988.

Man mano che la Chiesa del Nazareno diventava più forte, la propria identità come denominazione internazionale fu fermamente costituita. Alla luce di questi progressi, i nazareni svilupparono consciamente un modello di chiesa che differiva dalla maggior parte delle altre chiese protestanti. Nel 1976 una commissione esaminò il futuro della denominazione. Riportando all'Assemblea Generale del 1980, si consigliava che la denominazione adottasse deliberatamente una politica di internalizzazione basata su due principi:

- In primo luogo, riconosceva che le Chiese del Nazareno e i distretti globali avevano creato una «compagnia mondiale di credenti nella quale esiste una piena accettazione entro i propri contesti culturali».
- In secondo luogo, identificava un impegno comune alla «missione distintiva della Chiesa del Nazareno», vale a dire «nel diffondere la santità delle scritture... [come] elemento chiave in un nucleo di dottrine non-negoziabili, che rappresentano l'identità nazarena»

L'assemblea Generale del 1980 adottò un' «uniformità teologica internazionale» intorno agli Articoli di Fede. Essa affermava l'importanza di una preparazione teologica per tutti i ministeri e chiamava ad un supporto adeguato delle istituzioni di educazione teologica in ogni area del mondo. Chiamava i nazareni verso una maturità, come comunità internazionale, focalizzata sulla santità. Questa comunità era connessa in un modo che mise alla prova la più antica e coloniale mentalità del dividere popoli e nazioni in due gruppi: «forti e deboli, donatori e riceventi». Questo modello diede la precedenza a «uno che presume un modo interamente nuovo di guardare il mondo: uno che riconosce la forza e l'uguaglianza di tutti i compagni».[1]

Da quel momento, la Chiesa del Nazareno ha avuto un unico motivo di crescita tra i protestanti. Dal 1998, metà dei nazareni non viveva più negli Stati Uniti e Canada. E due su cinque delegati alla Assemblea Generale del 2001 parlavano inglese come seconda lingua o non la parlavano affatto. Un Africano, Eugenio Duarte di Capo Verde, fu eletto come sovrintendente generale nel 2009.

Caratteristiche distintive di un Ministero Internazionale

Storicamente, gli sforzi nazareni si focalizzavano su evangelizzazione, ministero sociale ed educazione. Essi fiorirono attraverso la cooperazione comune di missionari interculturali e migliaia di pastori e lavoratori laici. Questi lavoratori indigenizzarono i principi wesleyani entro le loro rispettive culture.

Hiram F. Reynolds fu un leader nello stabilire il concetto dell'evangelizzazione del mondo - nazareni che lavoravano attraverso culture per diffondere il Vangelo. Durante venticinque anni di carica come sovrintendente generale, egli fu un difensore costante per le missioni e aiutò a far crescere i nostri sforzi missionari verso una priorità denominazionale. Dal 1915, Le Missioni Nazarene Internazionali (un'organizzazione che promuove, educa e raccoglie fondi per l'opera missionaria nazarena) sono state una congregazione attiva intorno al mondo.

I primi nazareni erano delle persone compassionevoli. Essi testimoniavano della grazia di Dio supportando il soccorso delle carestie in India, costruendo orfanotrofi, case di maternità per ragazze e madri nubili e creando missioni urbane che davano assistenza ai tossicodipendenti e ai senza-tetto. Negli anni 20, le priorità del ministero sociale della chiesa si spostarono sulla medicina. La Chiesa del Nazareno costruì ospedali in Cina e Svizzera e, successivamente, in India e Papua Nuova Guinea. I medici professionisti nazareni si prendevano cura dei malati, effettuavano operazioni, insegnavano alle infermiere e promuovevano cliniche mobili in mezzo ad alcuni dei popoli più poveri del mondo. La chiesa istituì dei servizi speciali come, ad esempio, una clinica per la lebbra in Africa.

Negli anni 80, la chiesa creò i Ministeri Compassionevoli Nazareni. Questo le permise di impegnare un'ampia gamma di ministeri sociali che tutt'oggi continuano: patrocinio di bambini, soccorso per i disastri, educazione per l'AIDS, supporto per gli orfani, progetti idrici, distribuzione di cibo e molto altro.

Le Scuole Domenicali e gli studi biblici sono sempre stati parte della vita delle congregazioni nazarene. Essi giocavano un ruolo significativo nel formare discepoli simili a Cristo. Dai suoi anni più giovani, la chiesa investì nell'educazione base e nell'alfabetismo. Il primo esempio è la Scuola di Speranza per Ragazze a Calcutta, fondata nel 1905. Le scuole nazarene preparano studenti in tutto il mondo a partecipare più completamente in ogni aspetto della vita: sociale, economico, come anche religioso. Negli Stati Uniti, la maggior parte delle università nazarene ha avuto scuole elementari e secondarie collegate a esse fino alla metà del ventesimo secolo.

I fondatori nazareni investirono significativamente in un'educazione più elevata. Essi credevano che fosse essenziale per l'insegnamento dei pastori e dei lavoratori cristiani. Era anche cruciale nella formazione delle persone laiche. La Tavola Internazionale dell'Educazione classifica le istituzioni nazarene dell'educazione più elevata in tutto il mondo, includendo college di arti liberali e università in Africa, Brasile, Canada, Caraibi, Corea e Stati Uniti. Ci sono scuole di assistenza infermieristica in India e Papua Nuova Guinea. Inoltre, la chiesa opera con istituti biblici che istituisce in tutte le proprie regioni mondiali (Africa, Asia, Eurasia, Mesoamerica, America del Sud e USA e Canada), come anche scuole di specializzazione di teologia in Australia, Costarica, Inghilterra, Filippine e Stati Uniti.

La Chiesa del Nazareno è cresciuta, nel tempo, da una chiesa presente in aree sparse in tutto il mondo, ad una comunità globale di credenti. Fondata sulla tradizione wesleyana, la chiesa descrive i propri membri come «cristiani, santità, e missione» (vedi la sezione in *Valori di Fondo*). I nazareni adottano il motto della missione della chiesa: «Fare discepoli simili a Cristo nel mondo».

—

[1] *Giornale della ventesima Assemblea Generale, Chiesa del Nazareno, (1980):232. Franklin Cook, The Internaitonal Dimension (1984):49*

I NOSTRI VALORI DI FONDO

1. Noi siamo persone cristiane

Come membri della Chiesa Universale, noi ci uniamo a tutti i veri credenti nel proclamare la Signoria di Gesù Cristo e nell'affermare i credi trinitari storici e i credi della fede cristiana. Noi diamo valore al nostro patrimonio santità-wesleyano come una forma di capire la fede che è vera per la Scrittura, ragione, tradizione ed esperienza.

Noi siamo uniti con tutti i credenti nel proclamare la Signoria di Gesù Cristo. Noi crediamo che, nell'amore divino, Dio offre alle persone il perdono dei peccati e una relazione riparata. Nell'essere riconciliati a Dio, crediamo di dover essere anche noi riconciliati l'uno con l'altro, amandoci gli uni gli altri come noi siamo stati amati da Dio, e perdonandoci a vicenda come noi siamo stati perdonati da Dio. Noi crediamo che la vita insieme è per incarnare la persona di Cristo. Noi guardiamo alla Scrittura come la prima risorsa della verità spirituale, confermata da ragione, tradizione ed esperienza.

Gesù Cristo è il Signore della Chiesa, la quale, come il Credo di Nicea ci dice: è una, santa, universale ed apostolica. In Gesù Cristo e attraverso lo Spirito Santo, Dio il Padre offre il perdono del peccato e la riconciliazione a tutto il mondo. Coloro che rispondono all'offerta di Dio nella fede, diventano il popolo

> **NOI SIAMO UNITI CON TUTTI I CREDENTI NEL PROCLAMARE LA SIGNORIA DI GESÙ CRISTO.**

del Signore. Essendo stati perdonati e riconciliati con Cristo, noi perdoniamo e siamo riconciliati gli uni con gli altri. In questo modo, noi siamo la Chiesa di Cristo , e riveliamo l'unità di quest'ultimo. Come il solo Corpo di Cristo, noi abbiamo «un solo Signore, una sola fede, un solo battesimo». Noi affermiamo l'unità della Chiesa di Cristo e lottiamo in tutte le cose per preservarla (Efesini 4:5,3).

2. Siamo delle persone di santità

Dio, che è santo, ci chiama ad una vita di santità. Noi crediamo che lo Spirito Santo cerca di fare in noi una seconda opera di grazia, chiamata con molti termini, inclusi «intera santificazione» e «battesimo dello Spirito Santo»-purificandoci da tutto il peccato, rinnovandoci nell'immagine di Dio, dandoci il potere di amare Dio con tutto il nostro cuore, anima, mente e forza; il nostro prossimo come noi stessi e riproducendo in noi l'immagine di Cristo. La santità, nella vita dei credenti, è compresa in modo più chiaro come somiglianza a Cristo.

Poiché noi siamo chiamati dalla Scrittura e disegnati dalla grazia a lodare Dio e ad amarLo con tutto il cuore, anima, mente e forza e il nostro prossimo come noi stessi, noi impegniamo noi stessi pienamente e completamente per Dio, credendo di poter essere «santificati interamente», come una seconda esperienza di crescita spirituale. Noi crediamo che lo Spirito Santo condanna, purifica, riempie e ci dà potere come la grazia di Dio ci trasforma giorno per giorno in persone di amore, disciplina spirituale, purezza etica e morale, compassione e giustizia. È il lavoro dello Spirito Santo che ci ristora nell'immagine di Dio e produce in noi l'immagine di Cristo.

Noi crediamo in Dio il Padre, il Creatore, il quale ci chiama ad essere ciò che non eravamo; ma Dio ci creò ad essere, ci creò per se stesso e ci formò a Sua immagine e somiglianza. Ci è stato dato il compito di mostrare l'immagine di Dio: «Poiché io sono il Signore, il vostro Dio; santificatevi dunque e siate santi, perché io sono santo» (Levitico 11:44a).

3. Siamo un popolo di missione

Noi siamo un popolo in cammino, un popolo che risponde alla chiamata di Cristo e viene fortificato dallo Spirito Santo per andare in tutto il mondo, testimoniando la signoria di Cristo e partecipando con Dio nel costruire la Chiesa e l'estensione del Suo Regno (Matteo 28:19-20, 2 Corinzi 6:1). La nostra missione (a) inizia nella lode, (b) serve il mondo nell'evangelizzazione e compassione, (c) incoraggia i credenti verso una maturità cristiana attraverso il discepolato e prepara donne e uomini ad un servizio cristiano attraverso un'educazione cristiana più alta.

A. La nostra missione di lode

La missione della Chiesa nel mondo inizia nella lode. Riunendoci insieme davanti a Dio nella lode (cantando, ascoltando la lettura pubblica della Bibbia, dando le nostre decime ed offerte, pregando, ascoltando la predicazione della Parola, battezzando e condividendo la Cena del Signore) noi sappiamo più chiaramente cosa significa essere il popolo di Dio. Crediamo che l'opera di Dio nel mondo è compiuta primariamente attraverso le congregazioni di lode, ci conduce a capire che la nostra missione include l'accoglienza di nuovi membri nella compagnia della chiesa e l'organizzare nuove congregazioni di lode.

Lodare è l'espressione più elevata del nostro amore per Dio. È l'adorazione centrata nel Signore, che onora Colui che in grazia e misericordia ci redime. Il contesto primario della lode è la chiesa locale, dove il popolo di Dio si riunisce, non in un'esperienza auto-centrica o per una auto-glorificazione, bensì per un'auto – arrendevolezza e un offrirsi a Dio. La lode è la chiesa che ama, il servizio obbediente a Dio.

> **È IL LAVORO DELLO SPIRITO SANTO CHE CI RIPARA NELL'IMMAGINE DI DIO E PRODUCE IN NOI LA SUA IMMAGINE.**

B. La nostra missione di compassione e di evangelizzazione

Come un popolo consacrato a Dio, condividiamo il Suo amore per coloro che sono persi e la Sua compassione nei confronti dei poveri e delle persone spezzate. Il Grande Comandamento (Matteo 22:36-40) e il Grande Mandato (Matteo 28:19-20) ci spinge nell'impegnare il mondo, in evangelizzazione, compassione e giustizia. A tal fine noi siamo incaricati di invitare persone alla fede, di prenderci cura di coloro che si trovano nel bisogno, di schierarci contro l'ingiustizia e gli oppressi, di lavorare nel proteggere e preservare le risorse della creazione di Dio e nell'includere nella nostra compagnia tutti coloro che pregheranno il nome del Signore.

> **LA LODE È L'ESPRESSIONE PIÙ ELEVATA DEL NOSTRO AMORE PER DIO.**

Attraverso la propria missione nel mondo, la Chiesa dimostra l'amore di Dio. La storia della Bibbia è la storia di Dio che riconcilia il mondo a Se stesso, essenzialmente attraverso Gesù Cristo (2 Corinzi 5:16-21). La Chiesa è mandata nel mondo per partecipare con Dio in questo ministero di amore e riconciliazione attraverso evangelizzazione, compassione e giustizia.

C. La nostra missione di discepolato

Noi siamo incaricati ad essere discepoli di Gesù e ad invitare gli altri a diventare Suoi discepoli. Con questo pensiero, noi siamo incaricati a provvedere i mezzi (Scuola Domenicale - catechesi-, Studi Biblici, piccoli gruppi di responsabilità e così via) attraverso i quali i credenti sono incoraggiati a crescere nel comprendere la fede cristiana e nella loro relazione con gli altri e con Dio. Noi comprendiamo che il discepolato include sottomettere noi stessi ad obbedire a Dio e alle discipline della fede. Noi crediamo che dobbiamo aiutare il prossimo a vivere la vita santa attraverso un supporto collettivo, comunione cristiana e amorevole responsabilità. John Wesley disse: «Dio ci ha donato gli uni agli altri per fortificare le mani del nostro prossimo»:

Il discepolato cristiano è uno stile di vita. Si tratta del processo di apprendimento di come Dio vorrebbe che vivessimo nel mondo. Imparando a vivere nell'obbedienza alla Parola di Dio, in sottomissione alle discipline della fede e nella responsabilità reciproca, cominciamo a capire la vera gioia della vita disciplinata e del significato cristiano della libertà. Il discepolato non è soltanto uno sforzo umano, sottomettendosi alle regole e norme. È il mezzo attraverso il quale lo Spirito Santo ci porta gradualmente ad una maturità in Cristo. È attraverso il discepolato che diventiamo persone di carattere cristiano. La meta finale del discepolato è essere trasformati in somiglianza a Gesù Cristo (2 Corinzi 3:18)

D. La nostra missione di un'educazione cristiana più elevata

Noi siamo incaricati dell'educazione cristiana, attraverso la quale uomini e donne vengono preparati per vite dedicate al servizio cristiano. Nei nostri seminari, scuole bibliche, università, siamo incaricati della ricerca della conoscenza, dello sviluppo dell'aspetto cristiano e dell'equipaggiamento dei leaders per compiere la nostra chiamata al servizio nella chiesa e nel mondo, donataci da Dio.

L'educazione cristiana più elevata è la parte centrale della missione della Chiesa del Nazareno. Nei primi anni della Chiesa del Nazareno, istituzioni dedicate all'educazione cristiana più elevata furono organizzate con lo scopo di preparare donne e uomini di Dio alla guida e al servizio cristiano, nella diffusione globale del risveglio wesleyano di santità. Il nostro compito continuo verso l'educazione cristiana più elevata attraverso gli anni, ha prodotto una rete mondiale di seminari, scuole bibliche, collegi, università.

IL DISCEPOLATO È IL MEZZO ATTRAVERSO IL QUALE LO SPIRITO SANTO CI PORTA GRADUALMENTE VERSO UNA MATURITÀ IN CRISTO.

LA NOSTRA MISSIONE

La missione della Chiesa del Nazareno è di formare discepoli simili a Cristo nelle nazioni.

Come comunità di fede globale, siamo impegnati nel grande compito datoci da Gesù (Matteo 28:19-20). Ciò significa portare la Buona Notizia della nuova vita in Gesù Cristo alle persone, in ogni luogo. Noi diffondiamo il messaggio della santità biblica - vivere secondo Cristo - in tutte le aree del mondo.

La Chiesa del Nazareno accomuna individui che hanno posto Gesù Cristo come Signore delle proprie vite. Noi veniamo insieme nella comunione cristiana e desideriamo rafforzarci gli uni gli altri nella fede attraverso la lode, la predicazione, l'insegnamento ed il servizio verso il prossimo.

Insieme alle commissioni del vivere similmente a Cristo, combattiamo per mostrare la compassione di Gesù Cristo a tutte le persone.

Mentre lo scopo primario della chiesa è di glorificare Dio, noi siamo anche chiamati ad essere attivi partecipanti alla missione di Dio-riconciliando il mondo a se stesso.

Questo include tutti i principi storici della nostra missione: evangelismo, santificazione, discepolato e compassione. Noi portiamo tutto questo insieme in un unico termine: somiglianza a Cristo - l'essenza della santità.

I nazareni sono «un popolo in cammino»- mandato nelle case, nei posti di lavoro, comunità e villaggi, come anche città e paesi. I missionari vengono adesso inviati da tutte le regioni del mondo.

Dio continua a chiamare persone ordinarie per fare cose straordinarie, rese possibili dalla persona dello Spirito Santo.

> **UNA CHIAMATA ALLA LODE**
> VENITE, CANTIAMO CON GIOIA AL SIGNORE, ACCLAMIAMO ALLA ROCCA DELLA NOSTRA SALVEZZA!
> PRESENTIAMOCI A LUI CON LODI, CELEBRIAMOLO CON SALMI!
> POICHÉ IL SIGNORE È UN DIO GRANDE, UN GRAN RE SOPRA TUTTI GLI DÈI. NELLE SUE MANI SONO LE PROFONDITÀ DELLA TERRA, E LE ALTEZZE DEI MONTI SONO SUE.
> SUO È IL MARE, PERCH'EGLI L'HA FATTO, E LE SUE MANI HANNO PLASMATO LA TERRA ASCIUTTA.
> VENITE, ADORIAMO E INCHINIAMOCI, INGINOCCHIAMOCI DAVANTI AL SIGNORE, CHE CI HA FATTI.
> POICH'EGLI È IL NOSTRO DIO, E NOI SIAMO IL POPOLO DI CUI HA CURA, E IL GREGGE CHE LA SUA MANO CONDUCE.
> —*SALMO 95: 1-7A*

LE NOSTRE CARATTERISTICHE NAZARENE

In occasione dell'Assemblea Generale del 2013, il Consiglio dei Sovrintendendi Generali descrisse 7 caratteristiche della Chiesa del Nazareno:

1. Lode significativa
2. Coerenza Teologica
3. Evangelizzazione appassionata
4. Discepolato intenzionale
5. Sviluppo della chiesa
6. Leadership trasformatrice
7. Compassione finalizzata

Queste descrizioni non prendono il posto della nostra missione («fare discepoli simili a Cristo nelle nazioni»)o i nostri valori di fondo («cristiano, santità e missionario»). Invece, esse descrivono ciò che noi crediamo debba caratterizzare ogni Chiesa del Nazareno e, maggiormente, debba essere riflesso dai nazareni ovunque. Noi sollecitiamo i leaders di chiesa ad enfatizzare, e tutti i nazareni ad incorporare, queste caratteristiche nell'andare avanti. Esploriamo come, nel tempo, esse possono essere diventate realtà per la chiesa globale.

1. Lode significativa

Potremmo dire con sicurezza che lodare Dio significa riconoscerLo come Rocca della nostra salvezza, il grande Dio, il grande Re sopra ogni dio, il Creatore di tutte le cose e il Pastore che si prende cura del suo popolo.

A. I discepoli di Gesù vissero nella Sua presenza e ministrarono agli altri come risultato della loro relazione.
- Gesù mandò i Suoi discepoli nel mondo per ministrare (Matteo 10)
- Egli disse loro, successivamente, che essi avevano bisogno di essere riempiti con lo Spirito Santo. Essi aspettarono nella stanza di sopra e lo Spirito Santo venne come Gesù aveva promesso (Atti 2).
- Una volta che i discepoli iniziarono il loro ministero nel mondo, essi divennero ambasciatori di Dio.
- Essi portarono un messaggio di riconciliazione insieme alla loro missione di redenzione (2 Corinzi 5:11-21).
- Paolo lo descrive meglio «Noi dunque facciamo da ambasciatori per Cristo, come se Dio esortasse per mezzo nostro; vi supplichiamo nel nome di Cristo: siate riconciliati con Dio. Colui che non ha conosciuto peccato, egli lo ha fatto diventare peccato per noi, affinché noi diventassimo giustizia di Dio in lui». (2 Corinzi 5:20-21).

B. Gesù mise alla prova i Suoi seguaci con il Grade Comandamento.
- «Andate dunque e fate miei discepoli tutti i popoli battezzandoli nel nome del Padre, del Figlio e dello Spirito Santo, insegnando loro ad osservare tutte quante le cose che vi ho comandate. Ed ecco, io sono con voi tutti i giorni, sino alla fine dell'età presente» (Matteo 28:19-20).
- La prima chiesa iniziò veramente ad adempiere al proprio incarico nel mondo, seguendo un incontro di lode significativa in Antiochia (Atti 13:1-4).

C. *La lode significativa* prende campo quando pratichiamo le discipline dello Spirito, come il digiuno e la preghiera.
- Lo Spirito Santo, poi, li invia fuori per portare gli altri alla fede.
- Questo accadeva nel contesto della lode.
- La lode ci ispira e libera la potenza di Dio nelle nostre vite.

- La lode permette di ritrovare l'orientamento alle nostre vite, in direzione di quella di Cristo. Si tratta di una disciplina spirituale imperativa per tutti i credenti, utilizzata da Dio per formarci all'immagine santa di Gesù.
- Noi dobbiamo eseguire pratiche di lode consistente, sia personale che corporative, entro le nostre vite.

D. *La lode significativa* permette al tempo, nei culti collettivi per Dio, di muoversi tra di noi nella Sua propria via.
- La prima chiesa non conduceva l'opera attraverso comitati o seminari.
- Piuttosto, essi si riunivano frequentemente per culti di lode comunitaria e permettevano a Dio di lavorare liberamente tra di essi.
- Noi dobbiamo voler mettere in pausa i nostri programmi e donare del tempo a Dio per completare il Suo programma tra di noi.

E. *La lode significativa* crea spazi per Dio affinché Egli si possa muovere liberamente quando Lo aspettiamo con aspettativa.
- Noi dobbiamo donare a Dio del tempo affinché Egli riveli se stesso e convinca, muova, tocchi, salvi e santifichi le persone alla Sua unica maniera e secondo il Suo tempo.
- Noi dovremmo partecipare ad ogni incontro di lode con l'ansiosa attesa che Dio ci incontrerà durante quell'incontro e si muoverà tra di noi.
- Noi dovemmo anticipare Dio a muoversi in ogni modo ovvio, fare ciò che solo Dio può fare, riunendoci settimanalmente nella lode. Noi non dobbiamo mai essere soddisfatti della routine ordinaria degli incontri abitudinari.

F. I figli di Dio devono incontrarsi insieme settimanalmente così essi possono essere potentemente affascinati dallo Spirito di Dio.
- Niente può sostituire, per lo spirito umano, l'essere energizzato dallo Spirito Divino di Dio.
- Questo succede meglio nei tempi di lode collettiva significativa.

2. Coerenza Teologica

A. La nostra voce nazarena deve essere sentita entro le chiese cristiane più grandi.
   - Essa dice chi noi siamo teologicamente.
   - Questo è ciò che noi affermiamo, ciò che ci spinge all'azione e come noi viviamo il nostro credo nella vita quotidiana.

B. Questi sono i motivi per la coerenza teologica:
   - La Scrittura: noi crediamo che le Sacre Scritture siano fondamentali e vitali nel formare la nostra identità in Cristo.
   - Tradizione cristiana: noi celebriamo gli insegnamenti ortodossi di 2000 anni di storia attraverso varie tradizioni cristiane.

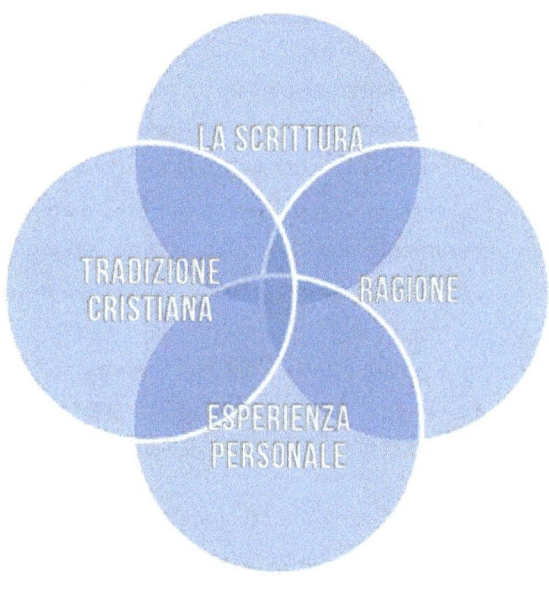

   - Ragione: Noi crediamo che lo Spirito di Dio operi attraverso i nostri intelletti e ci doni le nostre menti discernenti.
   - Esperienza personale: Noi crediamo che Dio opera nelle vite degli individui che seguono Cristo, e opera attraverso di esse.

C. Questi credi ci donano una coerenza teologica.
   - Noi siamo cristiani.
     - Noi affermiamo il nostro credo nella Trinità di Dio-Padre, Figlio e Spirito Santo.
     - Noi affermiamo la fede in Gesù Cristo come Figlio di Dio.
     - Noi affermiamo Cristo come seconda persona della Trinità.

- Noi manteniamo i credi ortodossi e le tradizioni della chiesa cristiana.
- Noi siamo protestanti.
  - Noi crediamo nella giustificazione per grazia attraverso la sola fede, per la salvezza.
  - Noi diamo un alto valore all'autorità delle Scritture.
  - Noi crediamo nel sacerdozio di tutti i credenti.
  - Noi consideriamo il sermone come una caratteristica centrale dell'esperienza di lode e posizioniamo il pulpito al centro della piattaforma della chiesa.
  - Noi crediamo che i doni dello Spirito siano distribuiti tra tutti i credenti nel corpo di Cristo.
- Noi siamo evangelici.
  - Noi crediamo nella possibilità e necessità di una relazione personale con Gesù Cristo attraverso il perdono dei peccati e la trasformazione del nostro essere nella somiglianza a Cristo.
  - Noi crediamo nella testimonianza della nostra fede attraverso cambiamenti di stili di vita.
- Noi siamo, per tradizione teologica, wesleyani.
  - Noi crediamo che la natura essenziale di Dio, attorno alla quale viene costruita tutta la teologia- «Dio è amore» (1 Giovanni 4:8).
  - Noi crediamo che l'uomo eserciti il libero arbitrio al fine di avere una relazione significativa con Dio.
  - Noi crediamo che Dio eserciti grazia e misericordia verso l'umanità.
  - Noi crediamo che la grazia preveniente di Dio preceda una persona e che preservi la persona stessa dallo sprofondare nel peccato e lo/la riavvicina a Dio.
  - Noi crediamo che la grazia ricercatrice, redentrice, salvifica e santificatrice di Dio lavori con un individuo per renderlo un figlio di Dio e donargli una vittoria continua nel cammino cristiano.
  - Noi crediamo nell'ottimismo della grazia nel rompere la potenza del peccato nella vita di una persona e trasformare questo

individuo da peccatore a figlio di Dio, che obbedisce ostinatamente al Signore con un cuore di amore.
- La santità e la santificazione sono possibilità reali in questa vita.
- Noi crediamo nella testimonianza dello Spirito.
  - Noi crediamo nella garanzia che permette ad un individuo di sapere che il proprio peccato è perdonato da Dio e che dona una costante consapevolezza che il sangue di Gesù Cristo continua a coprire il peccato del passato e a donare una vittoria quotidiana.
  - Noi crediamo nella guida conduttrice dello Spirito che permette ad un individuo di essere guidato da Dio per le decisioni quotidiane della vita. Lo Spirito di Dio può condurre i Suoi figli nell'immediatezza e controllo che provvede un senso di direzione per il cammino della vita.

D. Noi crediamo che esistano 4 aspetti essenziali della vita santa:
- Somiglianza a Cristo-essere trasformati quotidianamente all'immagine di Dio attraverso il lavoro dello Spirito Santo, quando rendiamo noi stessi disponibili all'opera di Dio in noi. «Se dunque v'è qualche incoraggiamento in Cristo, se vi è qualche conforto d'amore, se vi è qualche comunione di Spirito, se vi è qualche tenerezza di affetto e qualche compassione, rendete perfetta la mia gioia, avendo un medesimo pensare, un medesimo amore, essendo di un animo solo e di un unico sentimento» (Filippesi 2:1).
- Stile di vita- distinguersi per gli scopi di Dio nel fare l'opera Sua nel nostro mondo. «Non prego che tu li tolga dal mondo, ma che tu li preservi dal maligno. Essi non sono del mondo, come io non sono del mondo. Santificali nella verità: la tua parola è verità» (Giovanni 17:15-17).
- Tentazione e potenza dello scegliere-avere l'abilità a non arrenderci ai vizi o ai suggerimenti della carne o del male solo, bensì alla potenza di Dio nel vivere una vita santa. «Egli illumini gli occhi del vostro cuore, affinché sappiate a quale speranza vi ha chiamati, qual è la ricchezza della gloria della sua eredità che vi riserva tra i santi, e qual è verso di noi, che crediamo, l'immensità della sua potenza. Questa potente efficacia della sua forza egli l'ha mostrata in Cristo, quando lo risuscitò

dai morti e lo fece sedere alla propria destra nel cielo» (Efesini 1:18-20).
- Frutti dello Spirito- l'amore perfetto di Dio che manifesta se stesso nell'amore, gioia, pace, pazienza, bontà, benevolenza, fedeltà e autocontrollo. «Nell'amore non c'è paura; anzi, l'amore perfetto caccia via la paura, poiché chi ha paura teme un castigo. Quindi chi ha paura non è perfetto nell'amore» (1 Giovanni 4:18).

E. Noi crediamo nella via media-la via di mezzo. Noi proviamo a evitare gli estremi di tutte e due i lati di molti problemi. Ci focalizziamo meno sui particolari degli estremi e più sull'equilibrio nel mezzo, quando è possibile.

3. Evangelizzazione Appassionata

L'*evenagelizzazione appassionata* è la nostra risposta all'amore di Gesù e la grazia per l'umanità. La Chiesa del Nazareno iniziò con un'evangelizzazione passionale. Essa continua ad essere il cuore di quelli che siamo. Nella sua chiamata all'evangelizzazione, Phineas Bresee, il primo sovrintendente generale della Chiesa del Nazareno, disse: «Noi siamo indebitati a portare il vangelo a tutte le persone nella stessa misura con la quale lo abbiamo ricevuto». Noi ci focalizziamo nell'aiutare le persone a scoprire una fede salvatrice personale in Gesù Cristo.

A. L' Evangelizzazione Appassionata fu modellata da Gesù:
- «Vedendo le folle, ne ebbe compassione, perché erano stanche e sfinite come pecore che non hanno pastore. Allora disse ai suoi discepoli: «La mèsse è grande, ma pochi sono gli operai. Pregate dunque il Signore della mèsse che mandi degli operai nella sua mèsse».'» (Matteo 9:36-38).
- Gesù Disse:, «Non dite voi che ci sono ancora quattro mesi e poi viene la mietitura? Ebbene, io vi dico: alzate gli occhi e guardate le campagne come già bianccheggiano per la mietitura». (Giovanni 4:35).

B. Evangelizzazione Appassionata fu il mandato di Gesù:
- «Egli disse loro: ' Andate per tutto il mondo, predicate il vangelo ad ogni creatura» (Marco 16:15).

- Egli disse loro, «Così è scritto, ch il Cristo avrebbe sofferto sarebbe risorto dai morti il terzo giorno, e che nel suo nome si sarebbe predicato il ravvedimento per il perdono dei peccati a tutte le genti, cominciando da Gerusalemme» (Luca 24:46-47).

C. L'evangelizzazione appassionata venne rilasciata da Gesù:
- «E questo vangelo del regno sarà predicato in tutto il mondo, affinchè ne sia resa testimonianza a tutte le genti; allora verrà la fine» (Matteo 24:14).
- "Il ladro non viene se non per rubare, ammazzare distruggere; io sono venuto perchè abbiano la vita e l'abbiano in abbondanza» (Giovanni 10:10).

D. L'evangelizzazione appassionata è fortificata dallo Spirito Santo:
- Egli ci fortifica individualmente e come comunità a vivere e testimoniare la santità.
- «Ma riceverete potenza quando lo Spirito Santo verrà su di voi, e mi sarete testimoni in Gerusalemme, e in tutta la Giudea e Samaria, e fino all'estremità della terra» (Atti 1:8).

E. *L'evangelizzazione appassionata* è prodotta dallo Spirito Santo:
- La Sua vita in noi è evidente e produttiva.
- «Il frutto dello Spirito invece è amore, gioia, pace, pazienza, benevolenza, bontà, fedeltà, mansuetudine, autocontrollo; contro queste cose non c'è legge. Quelli che sono di Cristo hanno crocifisso la carne con le sue passioni e i suoi desideri. Se viviamo dello Spirito, camminiamo anche guidati dallo Spirito» (Galati 5:22-23).

F. L'evangelizzazione appassionata porta nuova vita e nuova energia sia agli individui che alla chiesa.
- «Se dunque uno è in Cristo, egli è una nuova creatura; le cose vecchie sono passate: ecco, sono diventate nuove» (2 Corinzi).
- «Il Signore aggiungeva ogni giorno alla loro comunità quelli che venivano salvati» (Atti 2:47b).

G. *L'evangelizzazione appassionata* è un'espressione della nostra obbedienza al Signore Gesù:
- Una delle evidenze più innegabili della potenza trasformatrice del vangelo è la vita di Paolo.

- In una delle sue testimonianze, l'apostolo disse: « Io sono debitore verso i Greci come verso i barbari, verso i sapienti come verso gli ignoranti; così, per quanto dipende da me, sono pronto ad annunciare il vangelo anche a voi che siete a Roma. Infatti non mi vergogno del vangelo; perché esso è potenza di Dio per la salvezza di chiunque crede; del Giudeo prima e poi del Greco» (Romani 1:14-16).

H. La passione per Cristo è il nostro punto d'entrata al Grande Comandamento (Matteo 28:19-20)-il nostro esercizio ed equipaggiamento segue:
   - In conseguenza, ognuno dovrebbe conoscere Gesù Cristo.
   - In congruenza, ognuno, anche se con pochi doni o metodici, dovrebbe rispondere con passione e condividere Cristo risolutamente.

I. *L'evangelizzazione appassionata* ci invita a fare affidamento alla potenza della Parola di Dio che ci obbliga a condividere la buona notizia della salvezza agli altri:
   - Noi studiamo la Bibbia con fede; pertanto, noi diciamo agli altri cosa la Parola di Dio dice.
   - La potenza del messaggio del vangelo parla ai cuori di donne e uomini, ragazzi e ragazze, che hanno bisogno di una relazione riparata con Dio.
   - Gesù ci dà un esempio. «Perché il Figlio dell'uomo è venuto per cercare e salvare ciò che era perduto» (Luca 19:10). «Mentre insegnava al popolo nel tempio ed evangelizzava» (Luca 20:1)

L. *L'evangelizzazione appassionata* ci spinge a conoscere Cristo in modo più completo:
   - Essa comunica chi siamo, il nostro stile di vita. La nostra passione per la vita non è più grande della nostra passione per l'evangelizzazione. Nel scegliere di vivere per Cristo noi scegliamo di evangelizzare.
   - Essa verifica cosa noi siamo adesso. Come l'uomo cieco che fu guarito da Gesù testimoniò semplicemente: « Una cosa so. Ero cieco ma adesso vedo!» (Giovanni 9:25).
   - Essa verifica quanto grati dobbiamo essere per il privilegio. «Gratuitamente avete ricevuto, gratuitamente date» (Matteo 10:8b).

M. *L'evangelizzazione appasionata* ci motiva ad essere discepoli:

- Attraverso il cammino della vita, noi cerchiamo di influenzare le persone che conosciamo e le persone che non conosciamo, condividendo il nostro cammino di fede.
- Ogni seguace di Cristo deve essere abbastanza appassionato riguardo alla sua relazione con Dio da far sì che condividere una testimonianza personale esca naturalmente nelle conversazioni con gli altri.

N. L'evangelizzazione appassionata ispira la nostra creatività:
- Attività -- ludiche e di intrattenimento ispirate alla fratellanza e socializzazione
- Metodi—Molti metodi, un solo messaggio.
- Strategie—Evangelizzazione di massa, evangelizzazione personale e di amicizia, piccoli gruppi, urbani e molte altre.

4. Discepolato intenzionale

A. Gesù chiamò intenzionalmente la chiesa a fare discepoli:
- «Andate dunque e fate miei discepoli tutti i popoli battezzandoli nel nome del Padre, del Figlio e dello Spirito Santo, insegnando loro a osservare tutte quante le cose che vi ho comandate. Ed ecco, io sono con voi tutti i giorni, sino alla fine dell'età presente» (Matteo 28:19-20).
- La Chiesa possiede un metodo intenzionale di fare discepoli simili a Cristo.
- I discepoli simili a Cristo sono persone che dimorano in Cristo, crescono nella somiglianza al Signore e fanno ciò che Egli fa. Essi negano se stessi, amano ed obbediscono a Dio con tutto il loro cuore, anima e mente e forza (Marco 12:30; Giovanni 15; Luca 9).
- Il discepolato relazionale intenzionale sta aiutando le persone a sviluppare relazioni obbedienti e intime con Gesù. In queste relazioni, lo Spirito di Cristo trasforma il loro essere nella somiglianza a Cristo, cambiando i valori dei nuovi credenti nei valori del Regno di Dio coinvolgendoli nella Sua missione di investire negli altri nelle loro case, chiese e nel mondo.

B. Noi cominciamo conducendo individui a una relazione personale con Gesù Cristo.

- Il cammino di fede inizia con la confessione del peccato e del perdono attraverso la grazia per fede in Cristo Gesù
- Queste nuove creature in Cristo sono rigenerate ed adottate nella famiglia di Dio.
- La rigenerazione produce cuori cambiati e stili di vita cambiati, testimonia della grazia di Dio per coloro che lo conoscono.
- Noi ci prendiamo immediatamente cura di questi nuovi credenti nella comunità della fede, insegnandogli dall'inizio che essi sono stati salvati non solo per se stessi, ma anche per coloro che essi influenzeranno e porteranno a Cristo. Essi diventeranno facitori di discepoli che faranno altri discepoli, i quali diventeranno anch'essi facitori di discepoli.
- Il discepolato include l'aiutare qualcun altro a seguire Gesù più ravvicinatamente.

C. Noi sviluppiamo intenzionalmente discepoli simili a Cristo attraverso un forte ministero di predicazione.
- I nostri pastori predicano sermoni istruttivi su come crescere nella nostra fede in Cristo.
- I nostri pastori predicano sermoni che sono basati biblicamente e si prendono cura delle loro persone attraverso la crescita e un desiderio più profondo per la Bibbia.
- I nostri pastori permettono alla Parola di Dio di diventare la base di tutti gli sforzi del discepolato.
- I nostri pastori insegnano alle loro persone come studiare la Bibbia e pensare a ciò che la Parola significhi, e anche come applicarla alle loro vite.
- I nostri pastori combattono per un nutrimento delle scritture equilibrato da predicare durante l'anno.
- I nostri pastori fanno affidamento allo Spirito Santo di Dio affinché tutto ciò che essi fanno porti in modo equilibrato a formare discepoli simili a Cristo.
- Gesù predicò alle moltitudini e insegnò attentamente ai Suoi discepoli in un piccolo gruppo.
- Gesù non predicava senza raccontare parabole (storie) per aiutare le persone a comprendere (Marco 4:34).

D. Noi promuoviamo classi per la Scuola Domenicale (catechesi) che si prendono cura dei discepoli simili a Cristo e li fanno crescere spiritualmente.
- I nostri insegnanti di Scuola Domenicale insegnano lezioni che sono finalizzate al fare discepoli simili a Cristo sia nell'esposizione della Scrittura che nell'applicazione di essa nella vita.
- I nostri insegnanti di Scuola Domenicale assumono un interesse personale riguardo a giovani credenti, oltre alle classi, per rispondere alle loro domande riguardo alla fede cristiana ed incoraggiarli a crescere nella grazia di Dio.
- Il nostro sistema di istruzione della Scuola Domenicale offre programmi dalla culla fino all'età più adulta; esso provvede allo scopo e alla sequenza di materiale che studia l'intera Bibbia in un modo organizzato. «Insegna al ragazzo la condotta che deve tenere; anche quando sarà vecchio non se ne allontanerà» (Proverbi 22:6).

E. Noi sviluppiamo piccoli gruppi di studi Biblici che ci incoraggiano alla responsabilità.
- I piccoli gruppi di Studi Biblici provvedono una responsabilità sia di gruppo che individuale, per i nuovi credenti e i maturi nella fede.
- In piccoli gruppi, la relazione sana viene sviluppata cosiché si possa muovere oltre a incontri regolari, per connettere amicizie come stile di vita.
- Questi gruppi di studio offrono un mix dello studio della Bibbia ed una interazione sociale che è essenziale per la crescita nella grazia.
- I piccoli gruppi di discepolato si sviluppano nei sistemi di supporto per una vita comunitaria, oltre alla domenica.

F. Noi incoraggiamo una crescita spirituale per i discepoli simili a Cristo attraverso un programma di chiesa ben pianificato.
- Programmi di quiz biblici.
- Campeggi per bambini.
- Scuola vacanze bibliche.
- Programmi di Natale e Pasqua.
- Sforzi del ministero compassionevole.
- Ministero del discepolato per gli altri.

- Ministeri per uomini, domme, adulti, celibi, nubili, bisogni speciali, squadre sportive ed una varietà di altri gruppi affini sono incoraggiati ad aiutare persone per creare una connessione a Cristo e alla Sua chiesa.

G. Noi desideriamo che i credenti usino ogni mezzo disponibile per crescere e sviluppare la propria fede personale.
- Leggere la bibbia con l'aiuto di studi; ascoltare la Bibbia con file audio.
- Pregare giornalmente.
- Ascoltare musica cristiana.
- Leggere letteratura cristiana.
- Trovare un partner responsabile che preghi ogni giorno che tu continui ad essere simile a Cristo.
- Trovare un partner responsabile che ti ami così tanto da porti domande difficili.
- Sviluppare una desciplina di regolarità dicendo agli altri cosa Dio sta compiendo nella tua vita.

H. Noi incoraggiamo i credenti ad imparare e ricercare quotidianamente la presenza di Dio.
- Noi descriviamo meglio la vita Cristiana come una relazione personale con il nostro Signore e Salvatore Gesù Cristo.
- Il discepolato intenzionale cresce meglio nella somiglianza a Dio spendendo del tempo con Lui.
- Perciò, noi stiamo quotidianamente in ascolto per la voce di Dio, ci nutriamo giornalmente nella Sua Parola, godiamo della Sua presenza ogni momento.
- I discepoli simili a Cristo Lo ricercano intenzionalmente e Lo condividono prontamente con coloro ai quali toccano le vite.

I. Noi incoraggiamo i discepoli a fare discepoli intenzionalmente:
- Il Signore ci ha dato il compito e ci ha autorizzato a fare discepoli (Matteo 28:19-20).
- Noi invitiamo devotamente un cristiano maturo a fare discepoli in modo intenzionale o a fare da mentore.
- Noi invitiamo devotamente un piccolo gruppo di credenti a diventare una parte del nostro gruppo di discepolato.

- Noi investiamo le nostre vite in questi discepoli, ricercercando insieme il Signore.
- I metodi centrati sulla storia dell'insegnamento della Bibbia provvedono, in un gruppo piccolo, un fondamento biblico solido per permettere ai discepoli di imparare la Bibbia e passare il suo messaggio verso la loro cerchia di influenza.
- La preghiera, la Parola di Dio e l'aiutare il prossimo intenzionalmente ad essere sempre più simile a Gesù, caratterizzano un discepolato dinamico nella chiesa.

5. Sviluppo della Chiesa

A. La chiesa cristiana cominciò con Gesù Cristo, che iniziò la prima comunità di fede.
   - La comunità di fede si riunisce regolarmente per lodare Dio.
   - Poi, cominciò a crescere ed a moltiplicarsi quando nuove chiese emersero attraverso il primo cammino missionario di Paolo e Barnaba (Atti 13-14).

B. Paolo diede il via ad un secondo cammino missionario con il piano di piantare chiese, ma lo Spirito Santo lo condusse in una differente direzione (Atti 16).
   - Noi dobbiamo sempre rimanere aperti alla nuova visione di Dio per la Sua opera ed essere condotti dallo Spirito Santo.
   - Paolo aveva una visione. Essa non proveniva dalle altre persone o da un sondaggio comunitario. Essa proveniva dal cuore di Dio. La nostra visione nel piantare nuove chiese deve provenire, anch'essa, dal cuore di Dio.
   - Paolo ebbe una visione di un uomo. Non era una visione dettata da un progetto, una strategia, uno slogan, un organigramma o un programma. La visione di Paolo si focalizzava sull'umanità perduta. La nostra visione nel piantare nuove chiese deve rimanere chiaramente focalizzata sulle persone perse che hanno bisogno di una relazione con Gesù Cristo.
   - Paolo aveva una visione di una persona della Macedonia. Questa persona era un individuo di una particolare località, cultura, lingua e

storia. Dio ci darà la visione di un particolare gruppo di persone o, anche, di una comunità. Noi abbiamo bisogno di scoprire la visione di Dio per noi ed obbedire ad essa.
- Paolo aveva una visione di una persona della Macedonia che si stava schierando. Questa persona non era inferiore a Paolo. Noi guardiamo al prossimo faccia a faccia. Questa persona alla quale io vado con il vangelo è degna del nostro rispetto.
- Paolo aveva una visione di una persona della Macedonia che si si stava schierando e stava chiamando: «Vieni a trovarci ed aiutaci!» Questa è la visione da cui deriviamo. Noi dobbiamo andare nella nostra città, quartiere, clan, tribù e famiglia. Noi dobbiamo portare Cristo al nostro mondo.

C. La visione di Dio comprendeva una leadership continua divina, come il Suo piano per lo sviluppo della Chiesa di Paolo si andava realizzando.
- Si scoprì che l'uomo della Macedonia era una donna. Lidia di Filippi divenne l'individuo più ricettivo per la sua opportunità di ministero.
- Paolo trovò i suoi ascoltatori più ricettivi in un gruppo di donne che pregavano presso la sponda di un fiume.
- Piuttosto che usare una sinagoga ebraica, come inizia nella chiesa precedente, Paolo cominciò questa opera in una casa.
- Lidia, una mercante di vestiti viola molto costosi, condusse questa chiesa-casa.
- Le strategie per lo sviluppo della chiesa potrebbero non includere motivi provati precedentemente.

D. Piantare una chiesa richiede grande sacrificio.
- Gli sforzi ministeriali di Paolo e Sila li portarono in prigione. Essi fecero il loro personale sacrificio volontieri. Essi cantavano canzoni di adorazione a Dio, come essi soffrivano per il nome Suo (Atti 16:25).
- Oggi, i leaders di chiesa e i seguaci di Gesù pagano lo stesso prezzo per iniziare chiese. Richiede molte ore di preghiera, lacrime, sforzi, soldi, fatica e qualche volta uno spargimento di sangue, per iniziare nuove chiese.
- Nonostante la difficoltà personale di Paolo e Sila, una nuova casa-chiesa scaturì dall'evento con il carceriere di Filippi, come il suo nuovo pastore.

E. Noi dobbiamo vivere nella presenza di Dio, così che percepiamo una consapevolzza del Suo persistente Spirito Santo, piuttosto delle nostre circostanze.
- Paolo e Sila non visualizzavano la loro disfatta e notte in prigione come una sconfitta personale. Piuttosto, essi percepivano lo Spirito di Dio donargli vittoria, nonostante le circostanze negative.
- Paolo e Sila sapevano che sarebbero stati direzionati dallo Spirito di Dio; essi sapevano che Egli si sarebbe preso personalmente cura di loro.
- Il terremoto che colpì la prigione di Filippi ci ricorda che Dio è ancora coinvolto in situazioni come queste (Atti 16:25-26). Egli non si dimentica di noi quando i nostri sforzi sono difficili.
- Quando noi obbediamo al Signore e facciamo la Sua volontà, nel timore di Dio, il Signore inerviene con potenza maestosa. Quando il maligno si oppone all'avanzata del regno di Dio, Dio ha la parola finale.
- Noi non stiamo costruendo il regno di Dio da soli, Dio sta costruendo il Suo Regno.

F. Le strategie di sviluppo della Chiesa sono cambiate attraverso la storia della chiesa.
- La chiesa cristiana non costruì nessun edificio durante i primi 400 anni della storia della chiesa.
- I concetti degli edifici dedicati alla chiesa, proprietà e pastori a tempo pieno per le chiese, nacquero successivamente.
- Nella Chiesa del Nazareno, la nostra definizione come chiesa riporta: ogni gruppo che si incontra regolarmente per un nutrimento spirituale, lode o istruzione ad un orario e luogo annunciato, con un leader identificato e allineato secondo il messaggio e la missione della Chiesa del Nazareno, può essere riconosciuta come chiesa e riportata come per le statistiche della chiesa distrettuale e generale. In altre parole, una chiesa è un gruppo di credenti, non un edificio od una proprietà.
- Lo Spirito Santo sta guidando adesso la chiesa a riprodurre se stessa in nuovi modi.
- Ogni chiesa è incoraggiata a piantare una chiesa figlia.

- Queste chiese-figlie si incontrano in abitazioni oppure in altri posti disponibili.
- Ogni pastore funge da mentore per un vocazionale co-pastore che sta seguendo un training ministeriale.
- Questo modello non richiede nessun finanziamento per iniziare una chiesa figlia, i laici possono rispondere alla chiamata di Dio per assistere al lancio della nuova chiesa.
- Questo modello permette a Dio di crescere la Sua chiesa in nuove aree intorno al mondo; Egli necessita solamente di cuori recettivi per ricevere la visione, rispondere alla chiamata e lasciare a Dio la guida.

G. Lo scopo dello sviluppo della chiesa è di raggiungere nuove persone per Gesù Cristo.

- Gesù disse: « Anche alle altre città bisogna che annunci la buona notizia del regno di Dio; poiché per questo sono stato mandato» (Luca 4:43).
- Noi siamo ambasciatori del regno di Dio che dedica le nostre vite allo sviluppo della chiesa.
- I nostri sforzi non sono finalizzati al sostenere un'organizzazione.
- Noi vogliamo che più persone possibili arrivino ad una conoscenza salvatrice di Gesù Cristo.
- Noi vogliamo, poi, fare discepoli di questi nuovi credenti, all'immagine di Cristo.
- Gesù Disse: «Ebbene, io vi dico: alzate gli occhi e guardate le campagne come già biancheggiano per la mietitura» (Giovanni 4:35).

6. Leadership ispiratrice

A. Noi cerchiamo di sviluppare leaders attraverso il modello di somiglianza a Cristo. Gesù è il nostro esempio. Pertanto, un leader ispiratore è un leader simile a Cristo.

B. I leaders ispiratori sono arrendevoli ed umili.

- Essi seguono Gesù Cristo che sottopose se stesso al volere del Padre (Filippesi 2:5-8).
- Essi dipendono pienamente da Dio per rispondere alle loro preghiere e provvedere a tutti i loro bisogni (Giovanni 15:7).

- Essi si sottomettono all'autorità degli altri e pensano meno a se stessi (Efesini 5:21).

C. I leaders ispiratori sono servitori.
- Essi seguono l'esempio di Gesù Cristo, il quale non venne per essere servito, bensì per servire il prossimo (Marco 10:45; Matteo 20:28)
- Essi guidano per questo spirito ed attitudine all'essere servi (Filippesi 2).

D. I leaders ispiratori sono visionari.
- «Se il popolo non ha rivelazione è senza freno; ma beato colui che osserva la legge!» (Proverbi 29:18)
- «Il SIGNORE mi rispose e disse:«Scrivi la visione,incidila su tavole, perché si possa leggere con facilità» (Abacuc 2:2)
- Gesù dipinse una visione del regno di Dio; noi dobbiamo fare lo stesso in modi che ognuno possa comprendere chiaramente.
- Questa caratteristica è un fattore che permette una distinzione tra i seguaci ed i leaders. I leaders visionari cercano la visione di Dio per la chiesa e le comunità ed estendono la visione agli altri.

E. I leaders ispiratori pensano strategicamente.
- Essi hanno la capacità di tradurre la visione per le loro comunità in strumenti per il regno di Dio.
- Essi comprendono le circostanze dei nostri tempi e trovano risposte bibliche come fecero i figli di Issacar (1 Cronache 12:32).
- Essi si inquadrano anime che devono essere vinte per il regno di Dio.
- Essi trasformano la visione in azione che mobilitano i credenti nei campi della mietitura.
- Essi sono capaci di mettere la visione e missione in piani effettivi per il regno (Luca 14:18-30).

F. I leaders ispiratori sono dei costruttori di squadra.
- Gesù è il nostro modello; Egli costruì una squadra e gli diede potenza, piuttosto che fare tutto il ministero da solo (Matteo 10).
- I discepoli di Gesù erano persone ordinarie, ma essi misero il mondo sotto sopra (Atti 17:6).
- I leaders ispiratori formano squadre che includono chiunque, nella chiesa, nell'opera del regno di Dio.

G. I leaders ispiratori sono compassionevolmente determinati
- Quando Gesù lanciò i Suoi discepoli verso il lavoro evangelistico, Egli li istruì ad essere «prudenti come i serpenti e semplici come le colombe» (Matteo 10:16).
- I leaders ispiratori devono sapere come equilibrare grazia e legge, giustizia e misericordia, e tutto ciò con santità.
- Essi devono essere saggi nel prendere decisioni e nel mantenere appropriatamente le loro decisioni.
- In ogni modo, le loro decisioni devono essere temperate con compassioni.
- Essi devono parlare della verità in amore (Efesini 4:15).

H. I leaders ispiratori devono comunicare in modo chiaro.
- Durante il Suo ministero terreno, Gesù spesso disse: «Chi ha orecchie oda» (Matteo 13:43). Gesù voleva che i Suoi seguaci ascoltassero persistentemente e coerentemente.
- I leaders ispiratori devono provare a parlare con la stessa chiarezza e precisione di Gesù Cristo.
- I leaders ispiratori comprendono l'importanza di una comunicazione chiara, coerente e coinvolgente : «E se la tromba dà un suono sconosciuto, chi si preparerà alla battaglia?» (1 Corinzi 14:8).

I. I leaders ispiratori rafforzano gli altri per sollevare la prossima generazione per condurre il regno.
- Lo stile di leadership di Giosuè fallì nel sollevare la generazione successiva di leaders; egli condusse solamente per la sua generazione (Giudici 2:10).
- I leaders ispiratori non costruiscono imperi per il proprio mandato; essi allenano sia le odierne, che le prossime generazioni.
- Essi identificano, allenano e sviluppano mentori che forniscono, edificano e rislciano leaders per il bene del Regno di Dio.
- Nessuna leadership avrà successo senza una successione di leadership. «E le cose che hai udite da me in presenza di molti testimoni, affidale a uomini fedeli, che siano capaci di insegnarle anche ad altri» (2 Timoteo 2:2).

7. Compassione finalizzata

A. Una compassione finalizzata mostra il cuore amorevole di Dio.
- L'aver mandato Suo figlio nel mondo e la morte di Gesù per conto dell'umanità sono i doni massimi di amore e compassione di Dio.
- Giovanni 3:16-17 ci dice che Dio ci ha dato Suo Figlio per la sua abbondanza di amore, cosicché potessimo avere vita eterna. Similmente, 1 Giovanni 3:16-17 ci dice che l'amore di Dio per l'umanità è espresso in atti genuini di compassione di credenti verso la creazione di Dio.
- La vita di Gesù, il ministero, la mostre e la resurezione illustrano un essere mosso dall'amore per conto di qualcun altro e per conto del mondo (Matteo 9:36).

B. La compassione finalizzata è sempre effettuata nel nome di Gesù.
- Gesù è il nostro modello di compassione. Nei Vangeli, Gesù fu mosso entro il Suo essere più profondo a soffrire con umanità.
- Gesù fu paricolarmente mosso da compassione nell'amore e nella cura di coloro che erano poveri, perduti, malati, emarginati e vulnerabili.
- Sia completamente Dio che completamente umano, Gesù è il nostro modello di come vivere e di come amare.
- Noi facciamo ogni atto di servizio, generosità o misericordia nel nome di Gesù, ed offriamo i nostri sforzi per rivelare l'amore di Gesù (Matteo 10:42).

C. La compassione finalizzata rispetta la dignità di ogni persona.
- Le persone di Dio offrono speranza, amore e aiuto nel nome di Gesù in modi che onorano ogni persona, come qualcuno che è fatto ad immagine di Dio, come creazione di Dio.
- La compassione non ha un altro motivo se non estendere l'amore di Dio in Cristo.

D. La compassione finalizzata sgorga naturalmente dai credenti trasformati.
- La chiesa è chiamata a incarnare l'amore e compassione propri di Dio nel mondo.
- Il lavoro di compassione non è mai completato solamente da sforzi umani o da un'attivismo sociale.

- Come Corpo di Cristo, la nostra chiamata compassionevole tocca ogni area della vita in una maniera olistica, formata dalla vita di Gesù e la guida dello Spirito Santo.
- Lo Spirito Santo trasforma i cuori dei credenti che, in cambio, lavorano per portare trasformazioni fisiche, sociali e spirituali nel nostro mondo.
- La compassione assume il significato di essere integri ed attivi nella vita e ministero di ogni congregazione.

E. La compassione finalizzata è la nostra definizione wesleyana della missione olistica.
- Noi siamo inviati da Dio il Padre, e fortificati dallo Spirito Santo, per andare nel mondo ed amare e servire il Signore.
- Noi crediamo che il Padre è già all'opera, attraverso la potenza dello Spirito nella vita di ogni persona, e noi siamo chiamati a venire incontro a questa buona opera.
- La vera evangelizzazione porta la chiamata ed il compito di entrare ed essere coinvolti nelle vite di coloro che ci circondano.
- Nel nome di Gesù, noi ci avviciniamo ai sofferenti e a coloro che sono spezzati, e cerchiamo di portare guarigione, speranza, pace ed amore alle persone che sono nel bisogno, che sono emarginate e vulnerabili.
- Noi siamo spinti verso il prossimo, nell'amore dell'amicizia e della comunità, che comporta delle conseguenze sociali. Questo è anche come Dio costruisce ed estende il Corpo di Cristo.

F. La compassione finalizzata sgorga dalle nostre vite come un'espressione del nostro compito verso la missione di Dio per redimere il mondo rotto.
- Noi cerchiamo di vedere, sentire e rispondere all'umanità rotta e sofferente, nello stesso modo in cui fa Dio.
- Noi cerchiamo di investire tutte le risorse a noi disponibili per alleviare la sofferenza umana e cercare i piani di Dio della ristorazione, completezza, salvezza e pace dentro e per il mondo.
- Noi proviamo, inoltre, a riparare i sistemi delle società in cicli, i quali creano le strutture di ingiustizia che contribuiscono all'oppressione di persone e del male sistematico nel nostro mondo, e facciamo questo nel nome di Gesù.
- Noi cerchiamo di aiutare, in tutto ciò che facciamo, di adempiere alla missione del Signore e portare la gloria di Dio (Michea 6:8).

LA NOSTRA TEOLOGIA WESLEYANA
Il Miracolo della Grazia trasformatrice

«La Grazia, che è più grande di tutti i nostri peccati». Che pensiero meraviglioso! E questo non è che la prima riga dell'inno.

Attraverso Gesù, Dio si incarnò e si attuò decisivamente per riconciliare il mondo a se stesso (Giovanni 3:15-16; Romani 1:1-16). Mentre noi eravamo ancora peccatori, Dio offrì il Suo unigenito Figlio «come sacrificio propiziatorio» per il peccato (Romani 3:25). Il Signore di tutta la creazione prese su di sé il peccato del mondo, provvedendo la salvezza per tutti noi!

In Cristo Gesù, la giustizia di Dio- la sua salvezza- fu rivelata (Romani 3:21). Se non fosse per questa azione, tutta l'umanità sarebbe alienata da Dio senza speranza (Efesini 1:5-2:10). Pertanto, tutti i poteri che ci separerebbero da Dio sono stati sconfitti (Colossesi 2:15). Ora, «attraverso la fede in Gesù Cristo» (Romani 3:22), noi siamo liberati (Romani 8:2)!

Il Nuovo Testamento forma un continuo inno di preghiera a Dio che prodiga le proprie ricchezze sopra di noi (Efesini 1:6.10). Tutta la completezza di Dio sosta fisicamente in Cristo, e coloro che ricevono Cristo riceveranno una completezza in Lui (Colossesi 2:8-15). Dopo aver esaminato i benefici della grazia di Dio, Paolo esclamò: «Oh, profondità della ricchezza, della sapienza e della scienza di Dio!» (Romani 11:33). Alcune di queste ricchezze possono essere identificate: perdono dei peccati, il risiedere dello Spirito in noi, formazione dell'immagine di Cristo, vita eterna, pace con Dio, santificazione, comunione della Chiesa e speranza nel ritorno del Signore.

Quando Dio parlò, ciò che molte persone udirono fu senza dubbio una «buona notizia», ovvero, che Dio riconcilia gratuitamente i peccatori a se stesso. Anche un odiato esattore delle tasse o una donna scoperta in adulterio, udendo dell'amore del Signore, possono pentirsi, essere perdonati e ricevere la vita eterna. Dio dona se stesso gratuitamente a coloro che riconoscono la propria inabilità nel fare qualsiasi cosa che meriti il Suo favore (Luca 15).

Molto prima che diventiamo consapevoli di ciò, lo Spirito Santo è all'opera, provando a portarci verso la salvezza. Il salmista dice che non esiste posto dove la voce di Dio non possa essere udita (Salmo 19:3). Paolo ci dice che, momento dopo momento, l'intera creazione dipende da Cristo per la sua esistenza (Colossesi 1:15-17). Giovanni dichiara che Cristo illumina chiunque (Giovanni 1:9).

In modi combinati solamente dalla creatività e fedeltà di Dio, lo Spirito Santo lavora nelle storie sia individuali che sociali per aprire sentieri per il Vangelo. Egli precede l'esplicita proclamazione del Vangelo e prepara persone per ascoltare e, magari, accettare la Buona Notizia.

Ripensandoci, tutti i cristiani possono tracciare un motivo per il quale lo Spirito li ha portati alla redenzione cristiana. Noi ci riferiamo a questa dimensione preparatoria della grazia di Dio come a una «grazia preveniente», oppure la grazia che precede.

Dio è per noi. Tutto ciò che Dio realizzò tramite Suo Figlio, Egli adesso lo offre a noi attraverso lo Spirito Santo. Senza dubbio, l'intera creazione trae beneficio dalla salvezza che il Padre realizzò nel Suo Figlio (Romani 8:19-25).

Giustificazione è il nome che noi diamo all'atto di grazia per il quale Dio ci perdona veramente e riconcilia i peccatori a sé. Giustificazione - ritornare nel favore di Dio - è per grazia, attraverso la sola fede.

Giustificazione non è che una dimensione del lavoro salvifico di Dio. Un secondo beneficio è che lo Spirito di Dio risiede veramente nel peccatore che si pente, per iniziare la vita con Dio. Uomo, o donna, sono nati – rigenerati - dallo Spirito di Dio. Il Nuovo Testamento chiama questa nuova realizzazione della vita spirituale una nuova creazione, una nuova nascita, nascita che viene dall'alto, vita eterna, entrata nel regno di Dio, camminare nell'essere nuovo della vita e la vita dello Spirito.

Qualunque sia il linguaggio, per il miracolo della grazia divina, lo Spirito Santo prende veramente residenza nel cristiano e porta una trasformazione. Dove una volta c'era morte, adesso vi è vita; vi è pace con Dio dove una volta c'era guerra; speranza dove una volta c'era disperazione. Il Nuovo Testamento annuncia: «Se dunque uno è in Cristo, egli è una nuova creatura; le cose vecchie sono passate: ecco, sono diventate nuove! E tutto questo viene dal Signore» (2 Corinzi 5:17-18a).

Il Nuovo Testamento parla di un essere cristiani come essere «in Cristo» e di Cristo come essere in loro. Da un lato, i cristiani sono adesso riconciliati a Dio poiché per fede essi sono «In Cristo» (Romani 8:1), in Lui, il quale riconcilia i peccatori pentiti, al Padre.

Ma il Nuovo Testamento parla anche di Cristo in noi come «la speranza della Gloria» (Colossesi 1:27). Attraverso lo Spirito Santo, il Cristo risorto rivela la Sua vita stessa- nel Suo Popolo. Egli dimora in coloro che coltivano tra di loro i frutti dello Spirito (Galati 5:22-23).

«Tuttavia», molti si chiedono,» realisticamente, che tipo di vita spirituale posso aspettarmi come Cristiano? Il richiamo delle vecchie abitudini peccaminose non metteranno insieme un nuovo schema nella mia vita? Oppure, mi offre lo Spirito di Dio, adesso, una vita migliore?» Il Nuovo Testamento risponde: «Colui che è in voi è più grande di colui che è nel mondo» (1 Giovanni 4:4).

Lo stesso potere che permise a Gesù Cristo di risorgere dalla morte rendendolo vittorioso su morte, inferno, peccato e tomba, adesso lavora in noi attraverso lo Spirito Santo (Efesini 1:19)! Una volta l'antica legge del peccato e morte regnava. Ma adesso «la legge dello Spirito della vita in Cristo Gesù mi ha reso libero dalla legge del peccato e della morte» (Romani 8:2).

La norma gioiosa per tutti i cristiani è che essi sono riempiti dello Spirito Santo, che vivono non secondo la carne, ma secondo lo Spirito (Romani 8:1-8). Hai tu sperimentato personalmente, nella tua vita, il miracolo della grazia trasformatrice di Dio?

«Il Miracolo della Grazia Trasformatrice». Saggio preso da *The Reflecting God Study Bible® 2000*. Bible copyright daThe Zondervan Corporation and Essay by Beacon Hill Press of Kansas City. Utilizzato su permessp del Pubblicatore. Tutti I diritti riservati.

GLI ARTICOLI DI FEDE

Articolo I
La Trinità di Dio

Noi crediamo in un unico Dio, esistente eternamente, Dio infinito, Sovrano Creatore e Sostenitore dell'universo. Egli solo è Dio, santo nella Sua natura, ne Suoi attributi e nei Suoi proponimenti. L'Iddio, il quale è amore santo e luce, è trino nella Sua essenza e si rivela come Padre, Figlio e Spirito Santo.

Genesi 1; Levitico 19:2; Deuteronomio 6:4-5; Isaia 5:16; 6:1-7; 40:18-31; Matteo 3:16-17; 28:19-20; Giovanni 14:6-27; 1 Corinzi 8:6; 2 Corinzi 13:14; Galati 4:4-6; Efesini 2:13-18; 1 Giovanni 1:5; 4:8

Articolo II
Gesù Cristo

Noi crediamo in Gesù Cristo, la seconda persona della Trinità. Egli è eterno ed uno con il Padre, si incarnò per opera dello Spirito Santo e nacque dalla Vergine Maria, cosicché due perfette nature, divina e umana, sono unite in una persona che è vero Dio e vero uomo, il Dio-uomo.

Noi crediamo che Gesù Cristo morì per i nostri peccati e che risuscitò dai morti, riprendendo il Suo corpo con tutto ciò che appartiene alla perfezione della natura umana; con quel corpo Egli ascese al cielo dove intercede per noi.

Matteo 1:20-25; 16:15-16; Luca 1:26-35; Giovanni 1:1-18; Atti 2:22-36; Romani 8:3, 32-34; Galati 4:4-5; Filippesi 2:5-11; Colossesi 1:12-22; 1 Timoteo 6:14-16; Ebrei 1:1-5; 7:22-28; 9:24-28; 1 Giovanni 1:1-3; 4:2-3, 15

Articolo III
Lo Spirito Santo

Noi crediamo nello Spirito Santo, la terza Persona della Trinità. Egli è sempre presente ed è attivamente all'opera nella Chiesa di Cristo e con essa, nel convincere il mondo di peccato, nel rigenerare quelli che si pentono e credono, nel santificare i credenti e nel guidarli nella verità come essa è in Gesù.

Giovanni 7:39; 14:15-18, 26; 16:7-15; Atti 2:33; 15:8-9; Romani 8:1-27; Galati 3:1-14; 4:6; Efesini 3:14-21; 1 Tessalonicesi 4:7-8; 2 Tessalonicesi 2:13; 1 Pietro 1:2; 1 Giovanni 3:24; 4:13

Articolo IV
Le Sacre Scritture

Noi crediamo nella piena ispirazione delle Sacre Scritture, ossia dei sessantasei libri dell'Antico e Nuovo Testamento, che sono state date per ispirazione divina e che rivelano senza alcun errore la volontà di Dio riguardo a tutte le cose necessarie alla nostra salvezza, cosicché tutto quello che non è contenuto in esse non può essere considerato come articolo di fede.

Luca 24:44-47; Giovanni 10:35; 1 Corinzi 15:3-4; 2 Timoteo 3:15-17; 1 Pietro 1:10-12; 2 Pietro 1:20-21

Articolo V
Peccato, originale e personale

Noi crediamo che il peccato venne nel mondo a motivo della disubbidienza dei nostri progenitori e che col peccato venne anche la morte. Crediamo, inoltre, che il peccato sia di due tipi: peccato originale, o corruzione della natura umana, e peccati individuali, o azioni contrarie alla volontà di Dio.

Noi crediamo che il peccato originale sia quella corruzione della natura di tutti i discendenti di Adamo a causa della quale ognuno si trova lontano dalla perfezione originale o stato di purezza in cui i nostri progenitori si trovavano quando furono creati. È in opposizione a Dio, senza vita spirituale, e continuamente propenso al male. Crediamo inoltre, che il peccato originale continui ad esistere nella vita nuova della persona rigenerata finché il cuore non viene completamente purificato con il battesimo dello Spirito Santo.

Noi crediamo che il peccato originale differisca dal peccato individuale in quanto costituisce una propensione ereditaria al peccato individuale; crediamo inoltre che nessuno sia responsabile del peccato originale fino a quando non rifiuti e trascuri deliberatamente il suo rimedio divinamente provveduto.

Noi crediamo che i peccati individuali, invece, consistano nelle violazioni, da parte di persone moralmente responsabili, di una legge conosciuta di Dio. È evidente, dunque, che non bisogna confondere questi peccati con le involontarie e inevitabili imperfezioni, malattie, fallimenti, errori, mancanze o altre deviazioni da uno standard perfetto di comportamento, che sono gli effetti residui del peccato di Adamo. Tali effetti residui innocenti, infatti, non implicano necessariamente atteggiamenti o risposte contrarie allo Spirito di Cristo, i quali soltanto possono appropriatamente definirsi peccati. In conclusione noi crediamo che il peccato individuale sia prima di tutto ed essenzialmente una violazione della legge dell'amore e che, riferito a Cristo, il peccato possa essere definito come incredulità.

Peccato originale: Genesi 3; 6:5; Giobbe 15:14; Salmi 51:5; Geremia 17:9-10; Marco 7:21-23; Romani 1:18-25; 5:12-14; 7:1-8:9; 1 Corinzi 3:1-4; Galati 5:16-25; 1 Giovanni 1:7-8

Peccato personale: Matteo 22:36-40 (con 1 Giovanni 3:4); Giovanni 8:34-36; 16:8-9; Romani 3:23; 6:15-23; 8:18-24; 14:23; 1 Giovanni 1:9-2:4; 3:7-10

Articolo VI
Espiazione

Noi crediamo che Gesù Cristo, mediante le Sue sofferenze, il versamento del Suo sangue e la Sua morte meritoria sulla croce, abbia compiuto l'espiazione completa per tutti i peccati dell'umanità, e che la sua espiazione sia l'unica causa della nostra salvezza e che essa sia sufficiente per ogni individuo della progenie di Adamo. Questa espiazione è efficace, per grazia di Dio, per la salvezza di coloro che sono incapaci di agire in modo eticamente responsabile e dei fanciulli nello stato d'innocenza; coloro che raggiungono l'età della responsabilità individuale, per ottenere la salvezza devono accettarla mediante il pentimento e la fede.

Isaia 53:5-6, 11; Marco 10:45; Luca 24:46-48; Giovanni 1:29; 3:14-17; Atti 4:10-12; Romani 3:21-26; 4:17-25; 5:6-21; 1 Corinzi 6:20; 2 Corinzi 5:14-21; Galati 1:3-4; 3:13-14; Colossesi 1:19-23; 1 Timoteo 2:3-6; Tito 2:11-14; Ebrei 2:9; 9:11-14; 13:12; 1 Pietro 1:18- 21; 2:19-25; 1 Giovanni 2:1-2

Articolo VII
Grazia Preveniente

Noi crediamo che la creazione dell'uomo ad immagine e somiglianza di Dio includa la capacità di scegliere tra il bene ed il male, per cui l'uomo è moralmente responsabile. Crediamo anche che, a motivo della caduta di Adamo, l'uomo divenne corrotto ed incapace di credere e cercare Iddio con le sue sole forze ed opere naturali. Noi crediamo altresì che la grazia di Dio per mezzo di Gesù Cristo sia concessa liberamente a ciascuno, ponendo tutti coloro che lo desiderano in grado di volgersi dal peccato verso la giustizia, credere in Gesù Cristo per il perdono e la purificazione dal peccato e compiere le buone opere che sono gradite al cospetto di Dio.

Noi crediamo che l'uomo, benché in possesso dell'esperienza della rigenerazione e dell'intera santificazione, possa scadere dalla grazia, divenire apostata e, se non si pente del suo peccato, essere senza speranza ed eternamente perduto.

Sulla somiglianza a Dio e la responsabilità morale: Genesi 1:26-27; 2:16-17; Deuteronomio 28:1-2; 30:19; Giosuè 24:15; Salmi 8:3-5; Isaia 1:8-10; Geremia 31:29-30; Ezechiele 18:1-4; Michea 6:8; Romani 1:19-20; 2:1-16; 14:7-12; Galati 6:7-8

Sull'insufficienza dei mezzi umani: Giobbe 14:4; 15:14; Salmi 14:1-4; 51:5; Giovanni 3:6*a*; Romani 3:10-12; 5:12-14, 20*a*; 7:14-25

Sul libero arbitrio e le opere della fede: Ezechiele 18:25-26; Giovanni 1:12-13; 3:6*b*; Atti 5:31; Romani 5:6-8, 18; 6:15-16, 23; 10:6-8; 11:22; 1 Corinzi 2:9-14; 10:1-12; 2 Corinzi 5:18-19; Galati 5:6; Efesini 2:8-10; Filippesi 2:12-13; Colossesi 1:21-23; 2 Timoteo 4:10*a*; Tito 2:11-14; Ebrei 2:1-3; 3:12-15; 6:4-6; 10:26-31; Giacomo 2:18-22; 2 Pietro 1:10-11; 2:20-22

Articolo VIII
Pentimento

Noi crediamo che il pentimento sia un cambiamento radicale e sincero della mente in relazione al peccato, accompagnato da un senso di colpa personale ed un volontario abbandono del peccato. Noi crediamo, inoltre, che il pentimento sia richiesto a tutti coloro che hanno deliberatamente peccato contro Dio. Lo Spirito di Dio elargisce a tutti coloro che si pentono di cuore il potere di avere la speranza nella misericordia di Dio per credere ed ottenere il perdono e la vita spirituale.

2 Cronache 7:14; Salmi 32:5-6; 51:1-17; Isaia 55:6-7; Geremia 3:12-14; Ezechiele 18:30-32; 33:14-16; Marco 1:14-15; Luca 3:1-14; 13:1-5; 18:9-14; Atti 2:38; 3:19; 5:31; 17:30-31; 26:16-18; Romani 2:4; 2 Corinzi 7:8-11; 1 Tessalonicesi 1:9; 2 Peter 3:9

Articolo IX
Giustificazione, Rigenerazione e Adozione

Noi crediamo che la giustificazione sia il benevolo atto giuridico di Dio mediante il quale Egli concede il perdono completo delle colpe, l'annullamento della pena per i peccati commessi e l'accettazione come giusti di tutti coloro che credono in Gesù Cristo e lo ricevono come loro Signore e Salvatore.

Noi crediamo che la rigenerazione, o nuova nascita, sia l'opera benevola di Dio, tramite la quale la natura morale dell'uomo pentito è spiritualmente ravvivata e riceve una vita spirituale in grado di vivere nella fede, nell'amore e nell'obbedienza.

Noi crediamo che l'adozione sia l'atto benevolo di Dio attraverso il quale il credente, giustificato e rigenerato, è reso figliuolo di Dio.

Noi crediamo che la giustificazione, la rigenerazione e l'adozione siano opere simultanee nell'esperienza di coloro che cercano Dio e che esse siano ottenute mediante la fede, preceduta da pentimento; crediamo anche che lo Spirito Santo rende testimonianza di questo stato di grazia raggiunto.

Luca 18:14; Giovanni 1:12-13; 3:3-8; 5:24; Atti 13:39; Romani 1:17; 3:21-26, 28; 4:5-9, 17-25; 5:1, 16-19; 6:4; 7:6; 8:1, 15-17; 1 Corinzi 1:30; 6:11; 2 Corinzi 5:17-21; Galati 2:16-21; 3:1-14, 26; 4:4-7; Efesini 1:6-7; 2:1, 4-5; Filippesi 3:3-9; Colossesi 2:13; Tito 3:4-7; 1 Pietro 1:23; 1 Giovanni 1:9; 3:1-2, 9; 4:7; 5:1, 9-13, 18

Articolo X
Santità cristiana ed intera santificazione

Noi crediamo che la santificazione sia l'opera di Dio che trasforma i credenti all'immagine di Cristo. È prodotta dalla grazia di Dio mediante lo Spirito Santo nella santificazione iniziale, o rigenerazione (simultanea alla giustificazione), intera santificazione e la continua opera di perfezionamento dello Spirito Santo culminante nella glorificazione. Alla glorificazione siamo pienamente conformati all'immagine

53

del Figlio. Noi crediamo che l'intera santificazione sia l'atto di Dio, susseguente alla rigenerazione, mediante cui i credenti sono liberati dal peccato originale, o corruzione, e condotti in uno stato di intero abbandono a Dio e di obbedienza nel perfetto amore.

Essa è prodotta dal battesimo o riempimento dello Spirito Santo e comprende, in una esperienza, la purificazione del cuore dal peccato e la presenza costante in esso dello Spirito Santo che dà al credente la forza per vivere e per servire.

L'intera santificazione è resa possibile dal sangue di Gesù ed è prodotta istantaneamente per grazia e per fede, preceduta dall'intera consacrazione. Di quest'opera e stato di grazia lo Spirito Santo rende testimonianza.

Questa esperienza è designata anche con diverse altre definizioni le quali stanno ad indicare le varie sue fasi: «perfezione cristiana», «amore perfetto», «purezza di cuore», «battesimo o riempimento dello Spirito Santo», «pienezza della benedizione» e «santità cristiana».

Noi crediamo che vi sia una precisa distinzione tra un cuore puro ed un carattere maturo. Il primo si ottiene in un istante quale risultato dell'intera santificazione, mentre il secondo deriva dal progresso nella crescita nella grazia.

Noi crediamo che l'opera dell'intera santificazione comprenda il desiderio divino di maturare spiritualmente nella grazia come un discepolo sempre più simile a Cristo. Questo desiderio, tuttavia, va consapevolmente nutrito e l'attenzione deve essere rivolta ai requisiti ed ai processi di sviluppo spirituale e di miglioramento del carattere e della personalità ad immagine di Cristo. Senza ciò, la propria testimonianza può essere danneggiata e la grazia stessa può essere ostacolata o addirittura perduta.

Partecipando ai mezzi di grazia, specialmente la comunione fraterna, le discipline e i sacramenti della Chiesa, i credenti crescono nella grazia e nell'amore totale per Dio ed il prossimo.

Geremia 31:31-34; Ezechiele 36:25-27; Malachia 3:2-3; Matteo 3:11-12; Luca 3:16-17; Giovanni 7:37-39; 14:15-23; 17:6-20; Atti 1:5; 2:1-4; 15:8-9; Romani 6:11-13, 19; 8:1-4, 8-14; 12:1-2; 2 Corinzi 6:14-7:1; Galati 2:20; 5:16-25; Efesini 3:14-21; 5:17-18, 25-27; Filippesi 3:10-15; Colossesi 3:1-17; 1 Tessalonicesi 5:23-24; Ebrei 4:9-11; 10:10-17; 12:1-2; 13:12; 1 Giovanni 1:7, 9

«Perfezione cristiana» o «amore perfetto»: Deuteronomio 30:6; Matteo 5:43-48; 22:37-40; Romani 12:9-21; 13:8-10; 1 Corinzi 13; Filippesi 3:10-15; Ebrei 6:1; 1 Giovanni 4:17-18

«Purezza di cuore»: Matteo 5:8; Atti 15:8-9; 1 Pietro 1:22; 1 Giovanni 3:3
«Battesimo dello lo Spirito Santo»: Geremia 31:31-34; Ezechiele 36:25-27; Malachia 3:2-3; Matteo 3:11-12; Luca 3:16-17; Atti 1:5; 2:1-4; 15:8-9
«Pienezza della benedizione»: Romani 15:29
«Santità Cristiana»: Matteo 5:1-7:29; Giovanni 15:1-11; Romani 12:1-15:3; 2 Corinzi 7:1; Efesini 4:17-5:20; Filippesi 1:9-11; 3:12-15; Colossesi 2:20-3:17; 1 Tessalonicesi 3:13; 4:7-8; 5:23; 2 Timoteo 2:19-22; Ebrei 10:19-25; 12:14; 13:20-21; 1 Pietro 1:15-16; 2 Pietro 1:1-11; 3:18; Giuda 20-21

Articolo XI
La Chiesa

Noi crediamo nella Chiesa, la comunità che confessa Gesù Cristo come Signore, il popolo del nuovo patto di Dio che è reso nuovo in Cristo, il Corpo di Cristo convocato dallo Spirito Santo tramite la Parola.

Dio chiama la Chiesa ad esprimere la sua vita nell'unità e nella comunione dello Spirito, nell'adorazione tramite la predicazione della Parola, nell'osservanza dei sacramenti, nel servizio nel Suo nome, nell'obbedienza a Cristo con una condotta di vita santa e con senso di responsabilità dell'uno verso l'altro.

La missione della Chiesa nel mondo è quella di condividere l'opera redentrice ed il ministero riconciliatore di Cristo con la forza dello Spirito Santo. La Chiesa compie questa sua missione facendo dei discepoli in tutto il mondo mediante l'evangelismo, l'istruzione, dimostrando compassione, adoperandosi per la giustizia e testimoniando del Regno di Dio.

La Chiesa è una realtà storica che si organizza in forme condizionate dalle varie culture; essa esiste sia nella forma di chiese locali che come corpo universale, ed evidenzia quelle persone chiamate da Dio per ministeri specifici. Dio chiama la Chiesa a vivere sottomessa a Lui nell'attesa della fine che avverrà alla venuta del nostro Signore Gesù Cristo.

Esodo 19:3; Geremia 31:33; Matteo 8:11; 10:7; 16:13-19, 24; 18:15-20; 28:19-20; Giovanni 17:14-26; 20:21-23; Atti 1:7-8; 2:32-47; 6:1-2; 13:1; 14:23; Romani 2:28-29; 4:16; 10:9-15; 11:13-32; 12:1-8; 15:1-3; 1 Corinzi 3:5-9; 7:17; 11:1, 17-33; 12:3, 12-31; 14:26-40; 2 Corinzi 5:11-6:1; Galati 5:6, 13-14; 6:1-5, 15; Efesini 4:1-17; 5:25-27; Filippesi 2:1-16; 1 Tessalonicesi 4:1-12; 1 Timoteo 4:13; Ebrei 10:19-25; 1 Pietro 1:1-2, 13; 2:4-12, 21; 4:1-2, 10-11; 1 Giovanni 4:17; Giuda 24; Apocalisse 5:9-10

Articolo XII
Battesimo

Noi crediamo che il battesimo cristiano, comandato da nostro Signore, sia un sacramento significante l'accettazione dei benefici dell'espiazione compiuta da Gesù Cristo, da essere amministrato ai credenti costituendo una dichiarazione della loro fede in Gesù Cristo come loro Salvatore e del loro pieno proposito di obbedire in santità e giustizia.

Il battesimo, in quanto simbolo del Nuovo Patto (Nuovo Testamento), può essere amministrato ai fanciulli a richiesta dei genitori o di chi li abbia in custodia, purché costoro assicurino che i piccoli riceveranno la necessaria istruzione nella fede cristiana.

Il battesimo può essere amministrato per aspersione, effusione o immersione, secondo la scelta della persona interessata.

Matteo 3:1-7; 28:16-20; Atti 2:37-41; 8:35-39; 10:44-48; 16:29-34; 19:1- 6; Romani 6:3-4; Galati 3:26-28; Colossesi 2:12; 1 Pietro 3:18-22

Articolo XIII
La Santa Cena

Noi crediamo che la Cena di commemorazione e di comunione istituita da nostro Signore e salvatore Gesù Cristo sia essenzialmente un sacramento del Nuovo Testamento dichiarante la morte espiatoria di Gesù, per i meriti della quale i credenti ottengono la vita, la salvezza e la promessa di benedizioni spirituali in Cristo. La Santa Cena è per coloro che la ricevono con riverente apprezzamento del suo significato quale commemorazione della morte del Signore fino al Suo ritorno. Poiché, inoltre, essa è un atto di comunione, devono parteciparvi solo quelli che hanno fede in Cristo e amore verso i santi.

Esodo 12:1-14; Matteo 26:26-29; Marco 14:22-25; Luca 22:17-20; Giovanni 6:28-58; 1 Corinzi 10:14-21; 11:23-32

Articol XIV
Guarigione Divina

Noi crediamo nella dottrina biblica della guarigione divina e incoraggiamo tutti a richiedere la preghiera della fede per la guarigione degli ammalati. Crediamo inoltre che Dio guarisca con l'ausilio della scienza medica.

2 Re 5:1-19; Salmi 103:1-5; Matteo 4:23-24; 9:18-35; Giovanni 4:46-54; Atti 5:12-16; 9:32-42; 14:8-15; 1 Corinzi 12:4-11; 2 Corinzi 12:7-10; Giacomo 5:13-16

Articolo XV
La seconda venuta di Cristo

Noi crediamo che il Signore Gesù Cristo ritornerà; che alla Sua venuta noi viventi non precederemo quelli che si sono addormentati in Cristo Gesù, ma che, se dimoriamo in Lui, saremo rapiti insieme ai santi risuscitati per incontrare il Signore nell'aria, così che saremo sempre col Signore.

Matteo 25:31-46; Giovanni 14:1-3; Atti 1:9-11; Filippesi 3:20-21; 1 Tessalonicesi 4:13-18; Tito 2:11-14; Ebrei 9:26-28; 2 Pietro 3:3-15; Apocalisse 1:7-8; 22:7-20

Articolo XVI
Risurrezione, Giustizia e Destinazione

Noi crediamo nella risurrezione dei morti e che i corpi dei giusti e degli ingiusti risusciteranno e saranno uniti ai loro spiriti: «quelli che hanno fatto bene in risurrezione di vita, quelli che hanno fatto male in risurrezione di condanna».

Noi crediamo nel giudizio futuro nel quale ogni uomo apparirà dinanzi a Dio per essere giudicato secondo quello che avrà operato in questa vita.

Noi crediamo che la gloriosa vita eterna è assicurata a tutti coloro che credono, obbediscono e seguono il Signore Gesù Cristo, nostro Signore, e che gli impenitenti finali soffriranno eternamente all'inferno.

Genesi 18:25; 1 Samuele 2:10; Salmi 50:6; Isaia 26:19; Daniele 12:2-3; Matteo 25:31-46; Marco 9:43-48; Luca 16:19-31; 20:27-38; Giovanni 3:16-18; 5:25-29; 11:21-27; Atti 17:30-31; Romani 2:1-16; 14:7-12; 1 Corinzi 15:12-58; 2 Corinzi 5:10; 2 Tessalonicesi 1:5-10; Apocalisse 20:11-15; 22:1-15.

LA NOSTRA ECCLESIOLOGIA
Noi siamo parte di una Chiesa Cristiana

«Chiesa» è spesso una parola difficile da capire. Poiché noi utilizziamo la parola in tantissimi modi differenti, è necessario definirla in termini più precisi. Questa è chiamata «ecclesiologia», che significa «lo studio della chiesa».

Prima di tutto, la Chiesa del Nazareno identifica se stessa con quello che la Bibbia chiama «il popolo di Dio». Più specificatamente, noi siamo parte di un'«unica, santa, universale ed apostolica chiesa». Questa frase proviene da un credo antico, ed i Cristiani in tutto il mondo, e attraverso la storia, lo accettano. Ognuna delle 4 parole della frase descrive un aspetto importante della «Chiesa».

Noi siamo battezzati nella «morte di Cristo» e non nella Chiesa del Nazareno. Il nostro battesimo è sia personale che un atto corporeo dove noi vediamo la grazia di Dio al lavoro: la Sua grazia preveniente (che significa che Dio era al lavoro nelle nostre vite ancora prima che noi lo conoscessimo) come anche la sua grazia salvifica.

I nostri ministri sono ordinati «nella Chiesa di Dio,»[1] e non nella Chiesa del Nazareno. Come risultato, le nostre congregazioni nazarene sono concrete espressioni della «chiesa universale», che è una frase che noi utilizziamo per descrivere la collettività di tutti i credenti, ovunque e attraverso la storia.

Noi affermiamo il rapporto delle scritture della santità di Dio e della santità della Sua Chiesa. Dio scelse la chiesa come uno strumento della sua grazia divina e la chiamò ad essere per lo Spirito Santo. Lo Spirito Santo è la vita-forza della Chiesa, ed esso la trasforma nel corpo vivente di Cristo nel mondo. La chiesa cristiana testimonia della verità che la lode di Dio è l'unico vero centro della vita umana. Pertanto, essa chiama i peccatori a pentirsi e a cambiare le proprie vite. Essa si prende cura del vivere santo dei credenti attraverso una vita congregazionale ricca, e chiama i credenti ad una vita santificata, che significa essere simili a Cristo. Nella sua fedeltà santa, la chiesa mostra il Regno di Dio nel mondo. Nel senso più vero, poi, la chiesa è la misura del suo proprio messaggio.

Noi siamo schierati per la missione di Dio

Dio formò un universo di vaste proporzioni. Entro la natura e attraverso la storia, Egli creò un popolo per sostenere l'immagine divina, così che l'amore divino potesse fiorire. La Sua missione nel mondo venne prima e la nostra missione proviene da Lui. Quando il peccato rovinò la creazione, la natura redentrice della missione fu rivelata. E' «il ripristino di tutta la creazione negli scopi della creazione di Dio».[2] Il ripristino dell'umanità è parte fondamentale della missione di Dio.

John Wesley definì il ripristino come santificazione. Secondo le sue parole, esso è «il rinnovamento della nostra anima secondo l'immagine di Dio», «che Egli caratterizzò come «giustezza e vera santità». «[3] La missione di Dio fu riflessa nella chiamata di Abramo, che egli scelse di benedire, cosicché i discendenti di Abramo potessero essere una «benedizione per tutte le nazioni» (Genesi 12:1-3). Era manifestato nella storia degli Ebrei, i quali sostennero la testimonianza del solo Dio, il cui nome essi proclamavano nelle nazioni della terra.

I cristiani sperimentano Dio come una Trinità Santa (3 persone in una) nella quale egli si rivelò più completamente in Gesù Cristo nostro Signore. Lo Spirito Santo ci invita a pratecipare alla missione di Dio, dandoci la potenza per fare ciò. La chiesa entra nel patto che Dio prima stabilì con Abramo. Come parte della propria vita santificata, la chiesa continua ad essere una benedizione per tutte le nazioni.

Noi ci uniamo agli altri cristiani nella missione di Dio, ma sosteniamo fermamente la nostra visione di denominazione internazionale, dando ordine al nostro specifico modo di vivere. I confini nazionali, tuttavia, non definiscono i limiti della chiesa, dato che Cristo la apre a tutte le nazioni e razze.

Ministrando come Cristo nel mondo

La base del ministero cristiano è il mandato biblico del dare testimonianza dell'amore di Dio, un amore che è visto più chiaramente nella persona di Cristo. I credenti affermano questo ministero quando essi vengono battezzati. In questa occasione, essi annunciano il loro intento ad essere una testimonianza pubblica come discepoli di Cristo. Il discepolo fedele è un apparente segno della grazia interiore di Dio in noi. Similmente, è un segno della divina grazia che lavora nel mondo che «Dio ha tanto amato» (Giovanni 3:16). Come membri del corpo di Cristo, tutti i credenti sono equipaggiati per il servizio. Alcuni sono chiamati ad una leadership specializzata nella chiesa e la chiesa li ordina come ministri apostolici. Questo è per dire che la chiesa li riconosce come leaders che continuano il lavoro iniziato dagli apostoli. La loro chiamata è profondamente radicata nella loro esperienza personale con Dio.

Insieme, il clero (coloro che sono stati ordinati come ministri) e il laicato (tutti gli altri credenti) discernono ed affermano la presenza dei doni e grazie nei membri del corpo di Cristo. Questo succede, innanzi tutto, nella chiesa locale. Dopodichè, in occasione dell' assemblea distrettuale (un evento annuale nel quale le chiese si riuniscono per supportare se stesse reciprocamente ed il lavoro della denominazione) essi eleggono coloro che devono essere ordinati come ministri. I diaconi sono coloro che sono chiamati ed ordinati a servire in un ministero nel quale predicare e minstrare i sacramenti sono le loro responsabilità primarie. I più anziani sono ordinati per dare forma al corpo di Cristo attraverso la predicazione del Vangelo, amministrando i sacramenti, prendendosi cura delle persone nella lode e dando ordine alla vita congregazionale.

I sovrintendenti sono eletti per un incarico distrettuale o generale dalle assemblee del clero e del laicato. I sovrintendenti distrettuali dirigono la loro leadership pastorale e spirituale verso le chiese, membri e al clero di un'area definita. I sovrintendenti generali esercitano un ministero apostolico e pastorale verso l'intera denominazione, mantenendo l'unità della chiesa nella dottrina e santità. Essi modellano la vita di Cristo attraverso la collegialità, e gettano una visione che l'intera chiesa sia in grado di abbracciare.

La loro posizione avvantaggiata deve essere per uno scopo internazionale. Essa ricade su di loro per articolare la visione e il bisogno delle risorse delle parti differenti del corpo di chiesa, partecipare nella distribuzione delle risorse per le aree bisognose del nostro ministero mondiale e unificare le chiese nella missione e nel messaggio. Attraverso l'ordinazione di ministri nelle varie assemblee distrettuali, e in altri modi, essi mantengono l'unità di una denominazione caratterizzata da diversità immense: nazionali, economiche, raziali e linguistiche.

[1] Queste parole sono dedicate all'ordinazione, credenziali di ogni ministro.
[1] Roger L. Hahn, «La Missione di Dio in Gesù» «Insegnamento sul Regno di Dio,» in Keith Schwanz and Joseph Coleson, eds., *Missio Dei: Un apprendimento Wesleyano* (2011), 58.

IL NOSTRO ORDINAMENTO

I nazareni hanno sempre riconosciuto che noi siamo solo un'espressione della chiesa universale. Noi sosteniamo che la Scrittura non rivela nessun design specifico del governo della chiesa e il nostro sistema di governo può essere formato da un consenso comune, purché qualunque cosa noi approviamo, non violi le Scritture. Pertanto, noi crediamo che il nostro scopo e missione debba formare la nostra struttura. (Per ulteriori informazioni, vedi la «Dichiarazione Storica» nel Manuale della Chiesa del Nazareno).

La Chiesa del Nazareno abbraccia una versione democratica e un modo storico di organizzare la chiesa (chiamata «Sistema di Governo Metodista Episcopale»). Noi espandemmo la voce del clero e del laicato e imponemmo dei limiti alla carica del vescovo, scegliendo invece di eleggere «sovrintendenti».

Questi sono gli elementi base del governo nazareno.

- Noi abbiamo tre livelli di governo.
- L'assemblea generale elegge sovrintendenti generali che guidano i ministeri generali della denominazione ed esercitano la giurisdizione sull'intera chiesa. Essi servono da un'assemblea generale all'altra e devono essere ri-eletti ad ogni assemblea. Ogni sovrintendente generale ha assegnata una lista di distretti ed è responsabile nel condurre le

assemblee distrettuali e nell'ordinare nuovi ministri entro il suo o la sua area di responsabilità. Il numero di sovrintendenti generali è variato nel tempo, ma è rimasto a 6 dal 1960. Collettivamente, essi formano il Consiglio dei Sovrintendenti Generali, che si incontra molte volte ogni anno.

- L'Assemblea generale elegge un Consiglio Generale composto da un numero uguale del laicato e del clero. Essa si riunisce annualmente ed elegge i funzionari generali della chiesa e i direttori dei dipartimenti. Rivede anche la politica, i bilanci, e le operazioni dei ministeri generali della chiesa.
- Le chiese sono raggruppate in un'area, all'interno di un distretto, e sono condotte da un sovrintendente distrettuale. La chiesa distrettuale è organizzata per scopi missionari e si riunisce annualmente come assemblea distrettuale. L'assemblea distrettuale elegge il sovrintendente distrettuale, la cui responsabilità è quella di allevare le chiese ed i pastori, piantare nuove chiese e alimentare la salute del distretto.
- Le chiese chiamano i loro propri pastori in consultazione e con l'approvazione del sovrintendente distrettuale. Esse si occupano dei propri affari finanziari e operativi.
- I distretti nazareni sono raggruppati in regioni mondiali. Al momento, esistono 6 regioni mondiali: Africa, Asia - Pacifico, Eurasia, Mesoamerica, South America, e USA - Canada). Le regioni mondiali sono strutture che delegano per portare avanti la missione della chiesa. Esse non sono parte della struttura di governo.
- Gli edifici della chiesa e le personalità sono proprietà del distretto, ma sono affidati alle congregazioni.
- Donne e uomini, similmente, possono servire in tutti i compiti della chiesa (clero e laicato).
- I nostri documenti importanti, la struttura di governo e le nostre politiche sono riunite insieme nel Manuale della Chiesa del Nazareno. Cambiamenti al Manuale vengono effettuati dall'assemblea generale.

LA CHIESA

La Chiesa Locale

La Chiesa del Nazareno vuole che tutte le persone sperimentino la grazia trasformatirice di Dio attraverso il perdono dei peccati e la purificazione del cuore in Gesù Cristo, attraverso la Potenza dello Spirito Santo.

La nostra missione primaria è «fare discepoli simili a Cristo nelle nazioni». Noi crediamo che questo significhi che i nuovi credenti dovrebbero diventare parte della nostra compagnia come membri della chiesa locale, dove essi saranno equipaggiati per servire Cristo.

L'ultimo scopo della comunità di fede è presentare ognuno in modo perfetto in Cristo (Colossesi 1:28) fino all'ultimo giorno.

È nella chiesa locale che la salvifica, insegnante, perfezionante e delegante compagnia dei credenti prende posto. La chiesa locale, il Corpo di Cristo è la rappresentazione della nostra fede e missione.

La Chiesa Distrettuale

Per scopi amministrativi, raggruppiamo le chiese locali in distretti e regioni.

Un distretto è un'organizzazione formata da chiese locali autonome. Esse sono organizzate per facilitare la missione di ogni chiesa locale attraverso un supporto comune, la condivisione delle risorse e la collaborazione.

La Chiesa Generale

Le basi dell'unità nella Chiesa del Nazareno sono quei credi, politica ecclesiale, definizioni e procedure che sono fondate nel Manuale della Chiesa del Nazareno.

Il nucleo di questa unità è dichiarato negli Articoli di Fede. Noi incoraggiamo la chiesa a tradurre in tutte le regioni e in tutte le lingue, a distribuire ampiamente e ad insegnare questi credi a tutte le persone. Questo è il filo d'oro che è tessuto nella fabbrica di tutti coloro che sono a vivono come nazareni.

Una riflessione visibile di questa unità è rappresentata dall'Assemblea Generale, che è la «suprema autorità-formulante, che crea leggi ed elettiva autorità della Chiesa del Nazareno» (Manuale 300).

Una seconda riflessione è il Consiglio Generale internazionale, che rappresenta la chiesa intera.

Una terza riflessione è il Consiglio dei Sovrintendenti Generali, che può interpretare il Manuale, approvare adattamenti culturali e ordinare persone al ministero.

Il governo della Chiesa del Nazareno è rappresentativo, e perciò evita gli estremi dell'episcopato da un lato e dall'altro un congregazionismo illimitato.

La chiesa è più che connessa. È interconnessa. I nodi che ci uniscono sono più forti di una singola corda che può essere tagliata in ogni momento.

Qual è la sorgente di questo legame comune? Gesù Cristo.

UNA CHIESA CONNESSA

La Chiesa del Nazareno è una rete ben connessa di persone e chiese che si focalizzano sulla dottrina della santità. Non è una vaga affiliazione di chiese autonome, nè tantomeno semplicemente un'associazione di chiese che condividono alcuni credi senza una relazione reale ed organica.

La chiesa è connessa costantemente.

Da questo intendiamo che noi siamo un corpo interdipendente di chiese locali organizzate in distretti, al fine di portare avanti la nostra missione comune di «fare discepoli simili a Cristo nelle nazioni». Il compito è di essere in relazione gli uni con gli altri per lo scopo della missione e di mantentenere l'integrità dei nostri credi comuni.

Come chiesa connessa noi:

- Condividiamo le dottrine.
- Condividiamo i valori.
- Condividiamo la missione.
- Condividiamo le responsabilità.

Responsabilità condivise include una cooperazione finanziaria. Ogni congregazione dona al Fondo dell'Evangelismo Mondiale e ad altre offerte speciali per le missioni.

Dall'inizio, i nazareni hanno fatto discepoli simili a Cristo nelle nazioni attraverso il ministero globale. Le aree che sono state raggiunte per Cristo continuano ad espandersi ed a crescere. Pregando e donando generosamente, prendi parte, insieme gli altri, a fare più di ciò che potresti fare da solo. Ogni offerta data alla tua chiesa locale ha lo scopo di fondare la missione.

La Chiesa del Nazareno abbraccia i principi di sacrificio equo, non del dare equamente. Questo è un concetto biblico, ed è essenziale per la chiesa globale a prescindere dallo sviluppo economico della chiesa locale.

Il Fondo dell'Evangelismo Mondiale è il piano denominazionale per i fondi. Alcune volte potrai sentire il termine «finanziare le missioni». Questo è il termine più comune di Fondo dell'Evangelismo Mondiale. Viene utilizzato per riconoscere i vari modi in cui la missione è finanziata nelle diverse parti del mondo.

Supportare la missione ed i ministri della chiesa è vitale attraverso le regioni della Missione Globale. Finanziare la missione ha un grande significato per la chiesa in termini di dare sacrificalmente per molti.

Quando noi guardiamo alla somma totale donata in tutto il mondo, una media dell'86,1 per cento è usata per il ministero nella tua chiesa locale. I ministri distrettuali utilizzano circa il 4,5 per cento dei fondi. Le tue università nazarene educano e disciplinano studenti con circa l'1,8 per cento dei fondi. Questo provvede il 7,6 per cento dei soldi dalla tua chiesa al Fondo dell'Evangelismo Mondiale per i missionari, ministeri globali e altre offerte speciali missionarie.

Puoi notare che il tuo donare provvede all'allenamento, al discepolato e porta la Buona Notizia a bambini, giovani ed adulti. Quando doni, ti unisci ai nazareni in una chiesa connessa, ami persone povere, raggiungi anime perse in tutto il mondo e fai discepoli simili a Cristo nelle nazioni.

Il Fondo dell'Evangelismo Mondiale, le offerte speciali per la missione e il finanziamento missionario dell'opera, sono tutte parti del condividere una responsabilità e rendere possibile alla chiesa inviare missionari, addestrare leaders nazionali e provvedere educatori per evangelizzare, disciplinare e insegnare alla prossima generazione di credenti nazareni.

Cristiano. Santità. Missionario.

Noi stiamo testimoniando dell'adempimento di una visione del nostro primo sovrintendente generale, Phinead F. Bresee. Egli parlò dal principio riguardo ad un «panorama divino» della Chiesa del Nazareno, che circonda il globo mediante la «salvezza e santità nel Signore».

Ogni nazareno, ovunque si trovi, partecipa nella realtà più ampia di questa visione.

Ogni vita trasformata è una testimonianza della santità-wesleyana che insegna la piena salvezza per tutti.

La missione della chiesa «fare discepoli simili a Cristo nelle nazioni» ci ricorda che noi abbiamo un compito spirituale e, allo stesso momento, dobbiamo essere dei buoni amministratori di tutte le risorse provvedute dal Signore.

La missione proviene da Dio, il chè significa che il nostro scopo è di un ordine superiore, reso possibile dallo Spirito Santo che dimora in noi.

Quando onoriamo il nostro «considerevole patrimonio spirituale,» la chiesa non può tornare indietro, né può rimanere dove essa si trova. Come seguaci di Gesù Cristo, noi dobbiamo continuare a muoverci verso la città «il cui architetto e costruttore è Dio» (Ebrei 11:10).

Ecco, Dio sta facendo tutte le cose in qualcosa di nuovo!

www.ingramcontent.com/pod-product-compliance
Lightning Source LLC
Chambersburg PA
CBHW061342040426
42444CB00011B/3048